Guia de Educação a Distância

João Mattar

Guia de Educação a Distância

João Mattar

Austrália • Brasil • Japão • Coreia • México • Cingapura • Espanha• Reino Unido • Estados Unidos

Dados Internacionais de Catalogação na Publicação (CIP)
(Câmara Brasileira do Livro, SP, Brasil)

Mattar, João
  Guia de educação a distância / João Mattar.
- São Paulo: Cengage Learning, 2019.

  2. reimpr. da 1. ed. de 2011.
  ISBN 978-85-221-1061-2

  1. Educação a distância I. Título

10-06161   CDD-371.3

Índice para catálogo sistemático:

1. Educação a distância : 371.3

A Marco Silva e Eliane Schlemmer,
colegas na organização do
Senaed virtual 2009 e grandes amigos!
A Susane Garrido e Fernando Gianinni,
como lembrança dos prédios azuis!

Guia de Educação a Distância
João Mattar

Gerente Editorial: Patricia La Rosa

Editor de Desenvolvimento: Noelma Brocanelli

Supervisora de Produção Editorial: Fabiana Alencar Albuquerque

Copidesque: Solange Gonçalves Guerra Martins

Revisão: Maria Dolores D. Sierra Mata

Diagramação: Cia. Editorial

Capa: Absoluta Publicidade e Design

Pesquisa iconográfica: Bruna Benezatto

Impresso no Brasil.
Printed in Brazil.
2. reimpr. – 2019

© 2011 Cengage Learning Learning Ltda.

Todos os direitos reservados. Nenhuma parte deste livro poderá ser reproduzida, sejam quais forem os meios empregados, sem a permissão, por escrito, da Editora. Aos infratores aplicam-se as sanções previstas nos artigos 102, 104, 106 e 107 da Lei nº 9.610, de 19 de fevereiro de 1998.

Esta editora empenhou-se em contatar os responsáveis pelos direitos autorais de todas as imagens e de outros materiais utilizados neste livro. Se porventura for constatada a omissão involuntária na identificação de algum deles, dispomo-nos a efetuar, futuramente, os possíveis acertos.

> Para informações sobre nossos produtos, entre em contato pelo telefone **0800 11 19 39**
>
> Para permissão de uso de material desta obra, envie seu pedido para **direitosautorais@cengage.com**

© 2011 Cengage Learning. Todos os direitos reservados.

ISBN-13: 978-85-221-1061-2
ISBN-10: 85-221-1061-1

Cengage Learning
Condomínio E-Business Park
Rua Werner Siemens, 111
Prédio 11 – Torre A – Conjunto 12
Lapa de Baixo – CEP 05069-900
São Paulo – SP
Tel.: (11) 3665-9900 – Fax: (11) 3665-9901
SAC: 0800 11 19 39

Para suas soluções de curso e aprendizado, visite
www.cengage.com.br

Sumário

Prefácio	IX
Introdução	1
1 – Definição e história da Educação a Distância	3
2 – Ambientes virtuais de aprendizagem	8
3 – Mídias, ferramentas e tecnologias	14
4 – Atividades em Educação a Distância	24
5 – Avaliação em Educação a Distância	31
6 – Direitos autorais em EaD	42
7 – A Educação a Distância no Brasil	57
8 – O futuro da Educação a Distância	77
Sugestões para consulta	100
Glossário	102

Prefácio

Atuar, viver, respirar a Educação a Distância é algo viciante e contagiante. Os anseios, sonhos e expectativas de quem atua nesse meio se repetem e se encontram de forma constante sem prévio aviso, ponto de encontro ou hora marcada.

Foi assim que conheci João Mattar, o meio uniu nossos trabalhos, ideias e expectativas. Nosso primeiro encontro presencial foi em um restaurante onde o prato principal foi a Educação a Distância (EaD).

Bastou uma rápida conversa com o João para perceber o visionário que é. Um pensador prático, ousado e fiel as suas crenças. Seus livros são leitura obrigatória para aqueles que desejam navegar no universo da educação tendo suas naves de inovação e tecnologia como aliadas, e sendo o professor o capitão primordial dessa grande aventura.

Este guia, no qual tenho a honra de escrever o prefácio, é um grande diário de bordo para quem deseja se aventurar nesse universo de possibilidades, em que a imaginação e a criatividade não têm limites para a Educação.

Sem limites e sem distância. É isso que os avanços tecnológicos e a inovação constante proporcionam à Educação a Distância. Os avanços vieram, mas o grande maestro, o grande capitão dessa nave, continua sendo o professor. Ter professores com competências, atitudes e habilidades para conhecer e aplicar essa mudança de paradigma é essencial para a evolução do ensino-aprendizagem.

Atualmente, os estudantes não leem manual de instruções, aprendem jogando, são inquietos, críticos, fazem comentários, geram conteúdos, interagem, questionam, concordam, discordam, protestam, denunciam, expõem seu ponto de vista. A centralização do poder foi derrubada pela democratização da informação, e, também, o professor que ainda não refez seus conceitos.

Em poucas páginas o leitor entenderá rapidamente a história da EaD, o conceito de ambientes virtuais de aprendizagem, mídias, formas de avaliação em EaD, antipirataria, professor e produção de conteúdo, currículos flexíveis, mundos virtuais, games, *mobile learning*, *work-based learning*, livros eletrônicos, entre diversos assuntos abordados por Mattar. Assim, passo a questionar se realmente é um simples guia, por tão completa abordagem das imensas possibilidades da Educação a Distância.

Parabéns João, sempre um prazer viajarmos na mesma nave!

Ricardo F. Nantes
Presidente do Portal Educação
Mestre em Saúde Coletiva
Pós-graduado em Educação a Distância (EAD)
Pós-graduando em MBA Executivo
em Gestão Empresarial
Comendador da República Brasileira

Introdução

Este livreto é uma breve introdução ao universo da Educação a Distância (EaD), que vem crescendo e se desenvolvendo intensamente nos últimos anos. Segundo o *Censo ead.br* (2010), organizado pela Associação Brasileira de Educação a Distância (Abed), em 2008 tínhamos no Brasil 376 instituições que praticavam EaD de forma credenciada pelo Sistema de Educação, incluindo 1.752 cursos (crescimento de 89,9% em relação a 2007) e 1.075.272 alunos (pelo menos 2.648.031, se incluirmos cursos livres e educação corporativa). Dados do MEC apontam, em 2008, um crescimento de quase 100% no número de alunos de graduação no ensino superior, em relação a 2007.

A tabela abaixo mostra o acentuado crescimento de número de matrículas de EaD em graduação, principalmente nos últimos anos:

Tabela: Número de matrículas de EaD em graduação

2000	1.682
2001	5.359
2002	40.714
2003	49.911
2004	59.611
2005	114.642
2006	207.206
2007	369.766

Fonte: *Censo ead.br* (2010).

Em virtude do tamanho reduzido deste livro, procurei utilizar uma linguagem simples e direta, evitando longas citações e discussões teóricas. O tema está voltado, principalmente, para quem deseja conhecer ou começar a participar da área, servindo também como sistematização e atualização para os que dela já participam, inclusive por indicar informações recentes e tendências.

Está dividido em oito capítulos. O Capítulo 1 define e traça a história da EaD. O Capítulo 2 aborda os Ambientes Virtuais de Aprendizagem (AVA). O Capítulo 3 apresenta ferramentas e tecnologias. O Capítulo 4 elenca diferentes atividades realizadas em EaD. O Capítulo 5 discute as características da avaliação em EaD. O Capítulo 6 examina o tema dos direitos autorais.

Os dois últimos capítulos são os mais longos. O Capítulo 7 aborda a história e a situação atual no Brasil. O Capítulo 8 procura indicar as tendências da EaD.

Em Sugestões para consulta, você encontrará dicas atualizadas de publicações de destaque sobre EaD. Por fim, um Glossário define alguns símbolos, abreviaturas, siglas, termos ou expressões bastante utilizados na área.

Esperamos que, ao final da leitura deste livro, você tenha uma visão geral de como funciona a EaD não apenas no Brasil, mas também no mundo, sentindo-se seguro para explorar mais profundamente as áreas e os temas que mais lhe interessem, sejam eles mais práticos ou mais teóricos.

1 – Definição e história da Educação a Distância

Definição

Diferentes definições são utilizadas para EaD. Uma formulação (adaptada de Maia e Mattar, 2007) que engloba elementos dessas várias definições é:

> A EaD é uma modalidade de educação, planejada por docentes ou instituições, em que professores e alunos estão separados espacialmente e diversas tecnologias de comunicação são utilizadas.

Ao contrário da separação espacial, que normalmente marca a EaD, a separação temporal tem sido cada vez menos essencial para defini-la, já que as novas tecnologias possibilitam realizar valiosas atividades síncronas, em que alunos e professores podem interagir no mesmo momento, como em *chats*, ferramentas de voz como Skype e MSN, vídeo e webconferências, e mundos virtuais como o Second Life entre outros.

O desenvolvimento das Tecnologias da Informação e da Comunicação (TICs) permite também riquíssimas experiências de aprendizagem sem que haja planejamento por parte de instituições. Assistir a vídeos no YouTube, participar de listas de discussões e jogar games, e outras atividades, podem ser consideradas experiências educacionais. Considerá-las exemplos de EaD é uma decisão que amplia o conceito, que muitos autores, entretanto, preferem limitar às experiências de aprendizagem planejadas, ou seja, que incluem objetivos com base nos quais conteúdos são elaborados, atividades são propostas e avaliações são planejadas. Esse planejamento, em geral, é feito por instituições, apesar de, também em função do desenvolvimento das TICs, termos assistido mais recentemente ao surgimento de um interessante campo para a docência on-line independente, em que um ou mais professores se organizam para interagir com os alunos e ensinar, eliminando assim a intermediação das instituições. Abordaremos todas essas questões neste livro.

É possível fazer EaD, ainda hoje, com baixo nível tecnológico, utilizando, por exemplo, material escrito ou mesmo telefone. Entretanto, o progresso das TICs possibilitou uma série de atividades interativas em EaD que passaram a ser consideradas praticamente parte integrante do conceito.

Muitos autores têm criticado a expressão Educação a Distância, pois ela apontaria uma distância que, do ponto de vista educacional ou psicológico, não existe necessariamente quando fazemos EaD. O título de um livro recente publicado por Romero Tori (2010), por exemplo, é *Educação sem Distância*. Uma expressão alternativa cada vez mais utilizada é *Educação Aberta e a Distância*. Outros autores preferem a expressão *Educação On-line*, que apontaria para a interatividade possibilitada pelas novas TICs. A expressão *e-learning* também é bastante empregada, muitas vezes para representar a EaD corporativa que se faz em instituições que não são por natureza de ensino.

História

É possível dividir a história da EaD em três grandes gerações: (1) cursos por correspondência; (2) novas mídias e universidades abertas; e (3) EaD on-line.

Primeira geração: cursos por correspondência

A EaD, sobretudo o ensino por correspondência, surge efetivamente apenas em meados do século XIX, em virtude do desenvolvimento dos meios de transporte e de comunicação, como trens e correio. Portanto, podemos apontar como sua primeira geração os materiais primordialmente impressos e encaminhados pelo correio.

Rapidamente, houve várias iniciativas de criação de cursos a distância com o surgimento de sociedades, institutos e escolas. Os casos bem-sucedidos foram os cursos técnicos de extensão universitária. Ainda havia, na época, grande resistência a cursos universitários a distância, por isso foram poucas as experiências duradouras, mesmo nos países mais desenvolvidos.

Segunda geração: novas mídias e universidades abertas

A segunda geração da EaD caracteriza-se pelo uso de novas mídias, como televisão, rádio, fitas de áudio e vídeo e telefone.

Um momento importante nessa segunda geração é a criação das universidades abertas de educação a distância, influenciadas pelo modelo da Open Universit, fundada em 1969. Essas universidades abertas utilizarão intensamente mídias como rádio, televisão, vídeos, fitas cassete e centros de estudo, realizando diversas experiências pedagógicas. Com essas experiências, cresce o interesse pela EaD. Surgem, então, as megauniversidades abertas a distância, em geral as maiores de seus respectivos países em número de alunos, como a University of South Africa (Unisa), na verdade a pioneira, fundada em 1946, mas que no início não era exatamente uma universidade aberta; o Centre National de Enseignement à Distance (CNDE), na França; a Universidade National de Educación a Distancia (Uned), na Espanha; a Universidade Aberta de Portugal; a FernUniversität in Hagen, na Alemanha; a Anadolu Üniversitesi, na Turquia; a Universidade de Rádio e Televisão, na China; a Universitas Terbuka da Indonésia; a Universidade Aberta Nacional Indira Gandhi, na Índia; a Universidade Aberta Sukhothai Thammathirat da

Tailândia; a Universidade Aberta Nacional da Coreia; a Universidade Payame Noor, no Irã, entre outras.

Apesar de se constituírem como experiências inovadoras, apenas na década de 1990 as universidades tradicionais, as agências governamentais e as empresas privadas começaram a se interessar por elas.

Terceira geração: EaD on-line

Uma terceira geração introduziu a utilização do videotexto, do microcomputador, da tecnologia de multimídia, do hipertexto e de redes de computadores, caracterizando a EaD on-line. Hoje, a integração de mídias converge para as tecnologias de multimídia e o computador. Em muitas ofertas atuais de cursos a distância, todas as mídias apresentadas até agora neste capítulo ainda convivem, apesar do predomínio do uso da internet.

Por volta de 1995, com o crescimento explosivo da internet, pode-se observar um ponto de ruptura na história da EaD. Surge um novo território para a educação, o espaço virtual da aprendizagem, digital e com base na rede. Aparecem também várias associações de instituições de ensino a distância. Passa-se simultaneamente a conceber um novo formato para o processo de ensino-aprendizagem, aberto, centrado no aluno, interativo, participativo e flexível.

Atualmente, dezenas de países atendem milhões de pessoas com EaD em todos os níveis, utilizando sistemas, mais ou menos, formais.

São inúmeras as instituições que oferecem cursos a distância, desde disciplinas isoladas até programas completos de graduação e pós-graduação. Em alguns casos, esses cursos são ofertados por instituições que também possuem cursos presenciais, mas, em outros casos, há instituições de ensino voltadas exclusivamente para o ensino a distância, inclusive universidades virtuais que não possuem campus, apenas um banco de dados de colaboradores e uma oferta de cursos a distância, as *click universities*, em oposição às tradicionais *brick universities* (universidades de tijolo).

As universidades abertas europeias oferecem cursos a distância. Fora da Europa, também há um grande número de instituições especializadas em EaD, fundadas em geral nas décadas de 1970 e 1980. Nos Estados Unidos, a EaD alcançou grande desenvolvimento, pioneiramente com as International Correspondence Schools (ICS), direcionadas para o *home schooling* (a educação em casa).

Deve-se destacar, ainda, a utilização cada vez mais intensa da EaD por empresas, o que caracteriza a EaD Corporativa e deu origem, na década de 1990, às universidades corporativas.

Além disso, inúmeras associações, organizações e consórcios procuram direcionar os esforços em EaD, entre os quais merecem destaque: International Council of Open and Distance Education (ICDE); European Association of Distance Teaching Universities (EADTU); European Distance and E--Learning Network (Eden); EuroPACE; Asian Association of Open Universities (AAOU); Open and Distance Learning Association of Australia (ODLAA); entre outros.

2 – Ambientes virtuais de aprendizagem

Com o desenvolvimento das TICs e particularmente da internet, surgem os Learning Management Systems (LMs) ou Sistemas de Gerenciamento de Aprendizagem. Há denominações alternativas a LMS, cujos significados às vezes variam um pouco, como, por exemplo, Course Management System (CMS) e Learning Content Management System (LCMS). Em português, a denominação mais comum é Ambientes Virtuais de Aprendizagem (AVAs). Pode-se dizer que os LMSs são ainda uma marca registrada da EaD, apesar de movimentos recentes os considerarem superados.

Em muitos casos, as próprias instituições de ensino desenvolvem seus LMSs. O *Censo EaD.br* 2010 (Tabela 2.1) indica que ainda é elevado no Brasil o número de instituições cujo LMS foi totalmente desenvolvido internamente (33%), sendo essa proporção bem mais alta no caso das instituições privadas (41%) do que nas públicas (29%).

Tabela 2.1: Uso de LMSs por tipo e instituição

LMSs	Credenciada Pública	%	Credenciada Privada	%	Cursos Livres	%	Total	%
Desenvolvido	18	29	40	41	18	35	76	33
Comercial	5	8	18	19	10	20	33	16
Gratuito	29	47	32	33	17	33	78	37
Sem Resposta	10	16	7	7	6	12	23	11
Total	62	100	97	100	51	100	210	100

Fonte: Adaptado de *Censo EaD.br*, 2010, p. 215.

Outra opção são os LMSs comerciais, utilizados no Brasil por aproximadamente 16% das instituições, sendo essa proporção bem menor no caso das instituições públicas (8%) do que das privadas (19%).

O Blackboard é uma das referências entre os LMSs comerciais, tendo sua empresa adquirido recentemente outros LMSs importantes, WebCT e Angel. A figura seguinte mostra a interface de uma disciplina ministrada no Blackboard na Universidade Anhembi Morumbi, no primeiro semestre de 2010, aberta em um fórum de discussão:

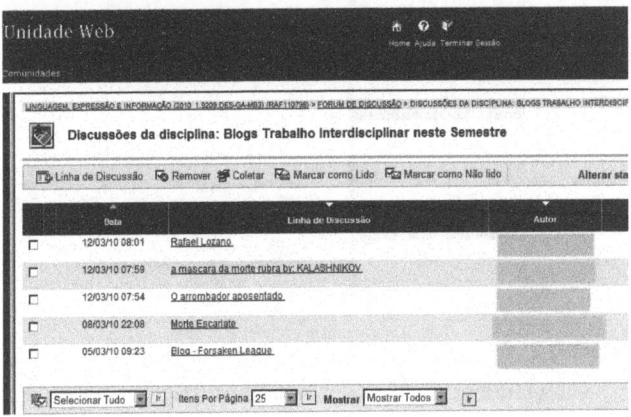

Figura 2.1: Blackboard. (Fonte: Autor.)

Entre outros LMSs comerciais, podem ser mencionados Desire2Learn e eCollege. No Brasil, várias empresas possuem AVAs comerciais próprios, como, por exemplo, webAula e Portal Educação.

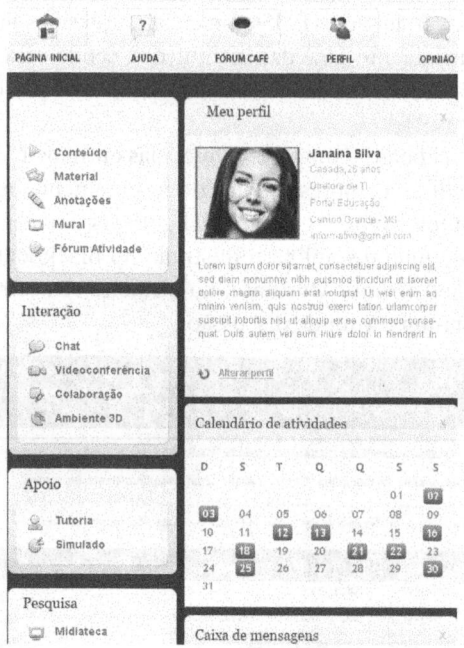

Figura 2.2: AVA 2.0 do Portal Educação.(Fonte: Portal Educação.)

Uma tendência, não apenas no Brasil, tem sido a utilização de LMSs gratuitos, de código aberto e/ou livres. Como se pode perceber pela tabela anterior, eles já são empregados pela maioria das instituições de ensino no Brasil (37%), e a proporção cresce no caso das instituições públicas (47%).

Entre os LMSs gratuitos, o Moodle, criado em 2001, tornou-se uma escolha muito comum nos últimos anos. No Brasil, seu uso tem sido reforçado pelo fato de a Universidade Aberta do Brasil (UAB) adotá-lo.

Os livros seguintes podem ser baixados, gratuitamente, nos endereços indicados:

> NAKAMURA, Rodolfo. *Moodle*: como criar um curso usando a plataforma de Ensino a Distância. São Paulo: Farol do Forte, 2009. Disponível em: <http://www.faroldigital.com.br/loja/product_info.php?products_id=47>.
>
> ALVES, Lynn et al.(Org.). *Moodle*: estratégias pedagógicas e estudo de caso. Salvador: EdUNEB, 2009.

A Figura 2.3 mostra uma disciplina ministrada pelo Departamento de Tecnologia Educacional (EdTech) da Boise State University, *Instructional Design*, no primeiro semestre de 2010, utilizando o Moodle, aberta na página de orientação para participação nos fóruns:

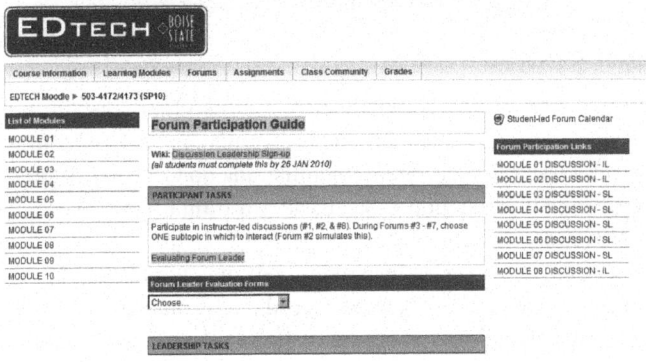

Figura 2.3: Moodle. (Fonte: Autor.)

Diversos cursos sobre o uso do Moodle têm sido oferecidos para professores e outros profissionais. O MoodleMoot é um evento que ocorre em diversos países, reunindo pesquisadores, professores, técnicos e outros profissionais que utilizam o programa. Já teve duas versões no Brasil, em 2008 e 2009, na Universidade Presbiteriana Mackenzie, coordenadas pelo professor Marcos Telles.

As comunidades on-line Moodle (http://moodle.org) e Moodle Brasil (http://www.moodle.org.br/) também agregam os interessados nesse LMS, oferecendo suporte contínuo para a atualização de técnicos, educadores, designers etc.

O Sloodle (Simulation Linked Object Oriented Dynamic Learning Environment) é um projeto de código aberto e gratuito que permite a integração entre o Moodle e o ambiente virtual 3D Second Life.

Figura 2.4: Sloodle. (Fonte: <http://www.sloodle.org/moodle/>.)

Um software de código aberto cujo uso tem crescido nos últimos anos, inclusive no Brasil, é o Sakai. A Figura 2.5 mostra uma disciplina de extensão ministrada no Colégio Progresso (Campinas) utilizando o Sakai, aberta numa página com diversos links e arquivos.

Podem ainda ser mencionados: TelEduc, também de código aberto, desenvolvido pelo Núcleo de Informática Aplicada à Educação (Nied) da Universidade Estadual de Campinas (Unicamp); e AulaNet, pelo Laboratório de Engenharia de Software (LES), do Departamento de Informática da PUC-RJ.

Atualmente, é possível perceber uma tendência para integrar LMSs com outras ferramentas, como as indicadas no próximo capítulo. Quando abordarmos o futuro da EaD, perceberemos que existem várias alternativas aos LMSs, a ponto de muitos analistas considerarem a onda dos AVAs encerrada.

Ambientes virtuais de aprendizagem ■ 13

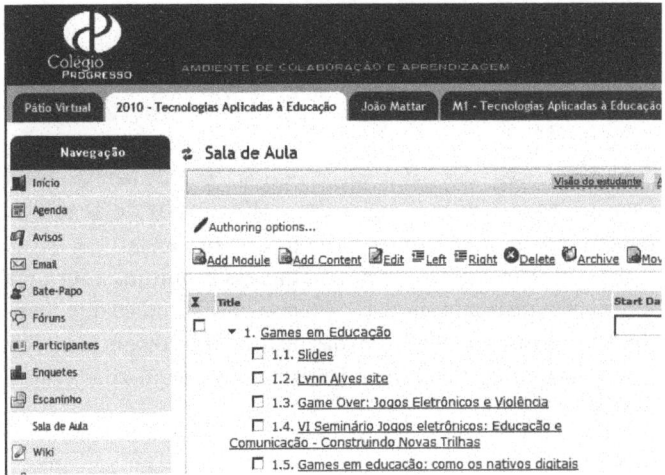

Figura 2.5: Sakai. (Fonte: Autor.)

3 – Mídias, ferramentas e tecnologias

Com o progresso das TICs, várias outras ferramentas passaram a ser utilizadas em EaD, além dos LMSs, apesar de as mídias mais tradicionais continuarem a ter forte presença.

Em primeiro lugar, o material impresso continua a ser uma mídia bastante usada em EaD. O *Censo EaD.br* indica que é empregado no Brasil por 87,20% das instituições credenciadas, ou seja, a mais utilizada entre todas as mídias pesquisadas (veja a Tabela 3.1).

Tabela 3.1: Mídias utilizadas por instituições de ensino credenciadas para ministrar EaD

Material impresso	87,20%
e-learning	71,50%
Vídeo	51,70%
CD	49,40%
DVD	43,60%
Videoconferência	27,90%
Televisão	18%
Telefone celular	14,50%
Satélite	12,80%
Teleconferência	9,30%
Rádio	5,80%
Outras mídias	5,20%

Fonte: Adaptado de *Censo EaD.br*, 2010, p. 205.

O rádio e a televisão também podem ser utilizados como mídia em EaD, aproveitando sua disseminação no Brasil, mesmo em locais em que o acesso à internet é restrito. Web-rádios e a televisão pela internet, ou IpTV, têm se estabelecido como interessante opção. Uma TV por internet, com capacidade boa de transmissão interativa, pode ser hoje implantada com orçamentos baixíssimos.

Listas de e-mail continuam a ser ferramentas simples, mas muito poderosas em EaD. O professor e estudioso de EaD Wilson Azevedo, por exemplo, usa basicamente listas de discussão nos cursos que oferece em sua empresa Aquifolium Educacional[1].

Vídeos têm sido cada vez mais utilizados como mídia em educação. O crescimento do fenômeno de vídeos com base na web, do qual o YouTube é um ícone, ampliou o repositório de conteúdo livre que pode ser empregado em EaD. O YouTube Edu[2] agrega vídeos e canais de faculdades e universidades. Nunca foi tão fácil localizar, produzir e distribuir vídeos on-line. Diversas instituições de ensino também têm disponibilizado vídeos na web. Isso abre interessantes possibilidades para o ensino, o aprendizado e o design de cursos presenciais e a distância.

Percebe-se ainda a crescente importância dos vídeos caseiros em educação. Hoje praticamente qualquer um pode capturar, editar e compartilhar pequenos videoclipes, utilizando equipamentos baratos (como celulares) e softwares gratuitos e livres. Sites de compartilhamento de vídeos têm crescido muito, e o que costumava ser difícil e caro, tornou-se algo que qualquer um pode realizar facilmente e praticamente sem custo.

Além do YouTube, podem ser mencionados outros serviços para vídeos educacionais na web, como: iTunesU (Apple), Academic Earth, Edutopia e TeacherTube.

A videoconferência é, também, uma mídia poderosa em EaD, que pode ser utilizada para transmissão unidirecional de

---

[1] <http://www.aquifolium.com.br/educacional/>.

[2] <http://www.youtube.com/edu>.

aulas, além de possibilitar a interação dos alunos tanto com o professor quanto com outros alunos localizados em outro ponto. E seus recursos ainda podem ser criativamente integrados com outras ferramentas.

O desenvolvimento da internet permitiu também a facilidade na utilização de ferramentas de conferência pela web, ou webconferência (Figura 3.1).

Figura 3.1: Uma webconferência durante o VI Senaed – Seminário Nacional Abed de Educação a Distância, realizado em Gramado em 2008.

O Flashmeeting é uma ferramenta da Open University vinculada ao Projeto Labspace e à Comunidade Colearn. Cadastrando-se no site[3], você passa a ter acesso a muitas informações

---

[3] <http://colearn.open.ac.uk>.

e facilidades sobre o tema educação e tecnologias, em língua portuguesa, podendo inclusive utilizar a ferramenta gratuitamente.

Ferramentas da web 2.0 passaram mais recentemente a ser usadas em EaD, integradas a LMSs ou mesmo como alternativas a eles. Entre elas, podem ser mencionadas: blogs, wikis, microblogs (como o Twitter), wikis, redes sociais (como Orkut e Facebook), podcasts etc. Confira *Second Life e web 2.0 na educação: o potencial revolucionário das novas tecnologias* (2007) para uma apresentação detalhada do uso dessas e outras ferramentas em educação.

A pesquisa em blogs acadêmicos ou educativos, assim como a proposta de atividades para os alunos construírem blogs, têm sido cada vez mais utilizada em EaD, inclusive nos ensinos fundamental e médio. A facilidade na criação e na publicação, a possibilidade de construção coletiva e o potencial de interação, até com leitores desconhecidos, tornam os blogs uma ferramenta pedagógica de destaque na EaD contemporânea.

Um blog pode ser pessoal ou coletivo, propondo questões, publicando trabalhos em desenvolvimento e registrando links e comentários para outras fontes da web. No meu blog *De Mattar*, por exemplo, é possível encontrar informações sobre tecnologias educacionais e EaD, e ainda participar das discussões.

Alunos podem utilizar blogs para publicar textos produzidos em conjunto e comentários sobre outros textos, para os quais os próprios autores podem ser chamados a contribuir. Mesmo os professores podem se servir de blogs para fornecer informações atualizadas e comentários sobre suas áreas de especialidade, assim como propor questões e exercícios, e incluir links para outros sites.

Dois dos serviços mais populares para a produção e a publicação de um blog são o Wordpress e o Blogger (do Google).

Um fenômeno recente são os microblogs, voltados para pequenos comentários, rápidos e com atualizações constantes do

De Mattar
antes pato que gato-sapato
Nova EaD

LMSs & PLEs
14 de Maio de 2010 @ 01:25 por João Mattar

The revolution will be a bus é um post interessante não pela metáfora do ônibus, mas pelas críticas que faz aos LMSs em comparação com os PLEs (que na verdade não são assim nomeados no texto).

Enquanto os LMSs (Learning Management Systems) são centralizados nas e pelas instituições de ensino, um PLE (Personal Learning Environment) é coordenado pelo próprio aluno. Ou seja, não há mais necessidade de construir enormes repositórios de conteúdo para depositar objetos de aprendizagem. Ambientes Pessoais de Aprendizagem (ou PLEs) são *hubs* de agregação mais abertos, livres e públicos, que permitem que indivíduos e comunidades acompanhem o fluxo de informação relevante para eles, e ao mesmo tempo filtrem e visualizem o curso de diversas maneiras.

Figura 3.2: De Mattar (blog). (Fonte: <http://blog.joaomattar.com>.)

que se está fazendo. Trata-se quase de uma rede de relacionamentos, e entre seus aplicativos destaca-se o Twitter. Além de cobrir eventos e transmitir informações, o Twitter tem sido também utilizado criativamente para interação e discussões. Aos domingos, por exemplo, uma comunidade de brasileiros, portugueses ou falantes de outras linguas reúne-se livremente no Twitter para discutir EaD. Basta fazer uma busca pela tag #eadsunday e começar a participar[4].

O Wiki é um software colaborativo que permite a edição coletiva dos documentos de uma maneira simples. Em geral, não é necessário registro e todos os usuários podem alterar os textos, sem que haja revisão antes de as modificações serem aceitas. Portanto, o que diferencia o Wiki da criação de uma página comum é o fato de ele ser editável. Enquanto uma página da web praticamente apenas o autor pode alterar, incluir conteúdo e modificar os textos, no Wiki qualquer pessoa cadastrada no sistema pode fazer isso. Assim, a construção colaborativa do conhecimento fica muito mais facilitada, como também a atividade de tornar públicas as ideias. Entretanto, há vários desafios no uso de Wikis em EaD, como desenhar atividades motivadoras e significativas, estratégias para avaliação e produção de aprendizagem, entre outros.

O programa e demais atividades do 7º Senaed – Seminário Nacional Abed de Educação a Distância, por exemplo, realizado totalmente on-line em 2009, foi desenvolvido colaborativamente por vários educadores e palestrantes utilizando um Wiki, o MediaWiki, o mesmo que suporta a Wikipedia[5].

O potencial pedagógico das redes sociais, outra das marcas da web 2.0, é imenso. Elas possibilitam o estudo em grupo, oferecendo mecanismos para comunicação com outros usuários, como fóruns, chats, e-mail, recados ou mensagem instantânea. Permitem também identificar pessoas com interesses similares e, assim, criar uma rede de aprendizado.

---

[4] Cf. MATTAR, João. #eadsunday & #followsundae. *De Mattar* (blog), 22 nov. 2009. Disponível em: <http://blog.joaomattar.com/2009/11/22/eadsunday/>.
[5] Disponível em: <http://www.joaomattar.com/7senaed/index.php?title=Programa>.

Nome(s)	Ferramenta	Tema / Título
Rodrigo Gecelka, Jessé Abreu	Second Life	Treinamento para Inicia
João Mattar, Fredric Michael Litto	WebCast ISAT	Abertura do 7º SENAE
José Manuel Moran, Fredric Michael Litto, Hélio Chaves Filho	WebCast ISAT	Regulamentação do M
Eliane Schlemmer, Equipe GP e-du UNISINOS/CNPq	Second Life	Ensino e Aprendizager e-du
André Genesini, Biancaluce Robiani e Renata Aquino	Second Life	Apresentação do espa em 3D como ferrament Life
Enilton Ferreira Rocha, Flávio Navarro Fernandes	Moodle e WebConferência Wemídia	Possibilidades de inter
Enilton Ferreira Rocha, Flávio Navarro Fernandes, Maria Alice Soares Guardieiro	Moodle e WebConferência Wemídia	Por que o plano de car

Figura 3.3: Programa do 7º Senaed. (Fonte: <http://www.joaomattar.com/7senaed/index.php?title=Programa>.)

Apesar de não fazer mais parte da lista das dez maiores redes de relacionamento do mundo em número de usuários, o Orkut continua a ser um fenômeno no Brasil: praticamente todo estudante de ensino superior participa dele. Há inúmeras comunidades sérias e inclusive de cunho mais acadêmico. Apesar disso, é ainda uma ferramenta frequentemente desprezada em EaD. Como simples ambiente informal para comunicação entre alunos e professores, por si só já se justifica a inclusão do Orkut na sua caixa de ferramentas de EaD. Boa parte dos alunos sente-se mais confortável comunicando-se com o professor pelo Orkut do que por LMSs. Além disso, é possível sugerir atividades pedagógicas, pesquisas, intervenções e mesmo a construção de comunidades.

Após o domínio do Orkut no Brasil, observa-se uma migração em massa para o Facebook, que pode ser utilizado para manter contato com colegas, compartilhar e discutir anotações e criar grupos de estudo. O LinkedIn, uma rede voltada a contatos profissionais, também tem sido bastante usado em EaD.

Para editar áudio, o Audacity tornou-se um padrão. O aprendizado é rápido e a utilização é muito fácil. Em pouco tempo qualquer um pode misturar falas com músicas, alterar volumes, acrescentar efeitos e assim por diante.

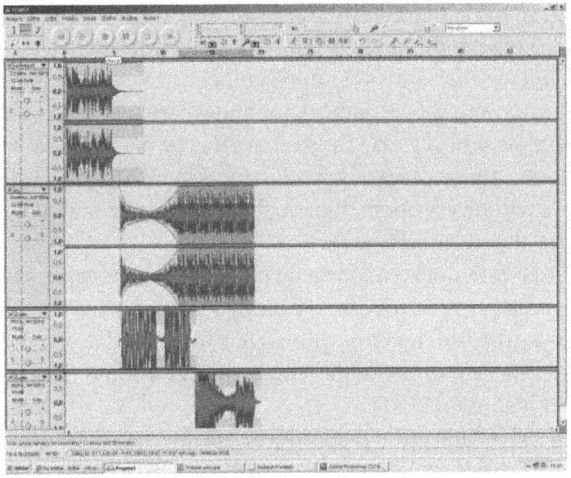

Figura 3.4: Audacity. (Fonte: Autor.)

Pode ser usado tanto por alunos, no desenvolvimento de material multimídia, quanto por professores, na elaboração de material para cursos de EaD e inclusive para tutoria.

O podcast tornou-se uma tecnologia popular em EaD. Um exemplo interessante é a Stanford iTunes University, que oferece uma gama de conteúdo digital que os alunos podem assinar usando o serviço da Apple. Entretanto, o mais interessante em EaD tem sido a produção de podcast pelos próprios alunos. A Apple, por exemplo, foi rápida em reconhecer o potencial do podcasting para eles e tem promovido seus iPods associados a ferramentas de criação, como iMovie, GarageBand e iTunes, para o setor educacional. É importante lembrar que podcast pode incluir não apenas som, mas também imagens e vídeos.

Cabe ainda lembrar da importância que ferramentas de comunicação instantânea por voz, como o MSN e o Skype, adquiriram em EaD. Hoje é possível comunicar-se gratuitamente com pessoas de todo o mundo, e muitos professores têm utilizado o Skype como plataforma para EaD.

Compartilhar slides de apresentações tornou-se bastante comum na web 2.0, e para isso o Slideshare tem sido a plataforma mais empregada. Dessa maneira, as pessoas que assistem a uma apresentação podem ter acesso imediato aos slides, e quem não teve a oportunidade de assistir pode também usufruir de algumas informações.

Observa-se uma tendência na integração dessas diversas mídias em projetos criativos e inovadores de EaD. Nesse sentido, alguns autores defendem que as ferramentas da web 2.0 do Google, incluindo o Google Wave, marcariam um novo capítulo na história da EaD[6].

Os livros a seguir, disponíveis on-line, apresentam uma série de sugestões para o uso de novas ferramentas e tecnologias em educação, além de reflexões teóricas sobre EaD.

> GRODECKA, Karolina et al. (Ed.). *How to use social software in Higher Education*. iCamp project, 2009. Disponível em: <http://www.icamp.eu/wp-content/uploads/2009/01/icamp-handbook-web.pdf>.

---

[6] Cf. por exemplo Google Earth for educators, disponível em: <http://www.google.com/educators/p_earth.html>; CARTER, Dennis. Has Google developed the next wave of online education? *eSchoolNews*, 19 jan. 2010. Disponível em: <http://www.eschoolnews.com/2010/01/19/has-google-developed-the-next-wave-of-online-education/?>; e The ultimate Google wave guide for students: 100 tips, tools, and tricks. *Online degree programs*, 12 jan. 2010. Disponível em: <http://onlinedegreeprograms.org/blog/2010/the-ultimate-google-wave-guide-for-students-100-tips-tools-and-tricks/>.

> LOWENTHAL, Patrick R. et al. (Ed.). *The CU online handbook*. Denver: University of Colorado Denver, 2009. Disponível em: <http://www.cudenver.edu/Academics/CUOnline/FacultyResources/Handbook/Pages/Handbook2009.aspx>.
>
> MISHRA, Sanjaya (Ed.). *Stride handbook 8*: e-learning. Staff Training and Research Institute of Distance Education. Nova Deli: Indira Gandhi National Open University, 2009. Disponível em: <http://www.ignou.ac.in/institute/STRIDE_Hb8_webCD/STRIDE_Hb8_Full.pdf>.

Figura 3.5: Slideshare de João Mattar. (Fonte: <http://www.slideshare.net/joaomattar/games-em-educao-como-os-nativos-digitais-aprendem-desenvolvido>.)

A escolha e o balanço correto no uso dessas diversas ferramentas, em função do público-alvo, do desenho pedagógico do curso, das atividades propostas e de outras variáveis, tendem a determinar o sucesso ou o fracasso de projetos de EaD.

4 – Atividades em Educação a Distância

Diferentes atividades são utilizadas em EaD. As atividades síncronas, como chats e videoconferências, exigem que os alunos e os professores estejam conectados ao mesmo tempo. Já as assíncronas permitem que os alunos realizem suas atividades no momento que desejarem e, por isso, predominam nos projetos de EaD.

Uma das atividades assíncronas mais comuns em EaD são os fóruns, em que os comentários do professor e dos alunos são publicados em uma área a que todos têm acesso. Os fóruns podem ser moderados (quando o professor ou um assistente precisa ler os comentários dos alunos antes de publicá-los) ou livres (quando os comentários são automaticamente publicados, sem a mediação do professor). Em alguns casos, os novos tópicos são criados apenas pelo professor, mas, em outros, também pelos alunos. As perguntas podem ainda ser propostas somente pelo professor, porém a interação pode ser mais livre, quando os próprios alunos fazem perguntas e inclusive respondem às dúvidas dos colegas. O professor pode programar o fórum para que os alunos modifiquem ou mesmo excluam seus comentários, mas ele pode programá-lo para que os comentários dos alunos não sejam modificados, e permitir ou restringir mensagens anônimas. Em muitos fóruns é possível anexar arquivos.

Um fórum pode pressupor a leitura de um texto ou simplesmente propor um tema para debate. Nos fóruns chamados *role-playing* (ou interpretação de papéis), os alunos assumem determinados papéis ao preparar suas respostas, mais otimistas ou pessimistas, de advogados do diabo etc. Alguns alunos podem ser responsáveis pelo pontapé inicial, resumindo um texto e propondo questões para a discussão. Outros podem, também, ficar responsáveis por resumir e encerrar um debate, apontando, por exemplo, questões que ainda permanecem abertas. Nesses casos, os alunos transformam-se em professores, e o professor pode se limitar a desempenhar a função de conectar alguns fragmentos do debate, ensinando conteúdo apenas quando necessário.

Pela importância dos fóruns em EaD, é essencial que os tutores sejam adequadamente treinados no seu uso, para nem dominarem completamente as discussões (tolhendo assim a liberdade de expressão de seus alunos) nem ficarem totalmente ausentes (dando a impressão de abandono aos alunos). É possível, por exemplo, facilmente contar com a participação de convidados especiais que não façam parte da turma, mas dominem o tema a ser discutido, o que enriquece muito o debate. Pretextos bem selecionados, um tutor hábil no uso didático de fóruns e um grupo de alunos treinados na ferramenta podem garantir um curso on-line a distância de excelente qualidade, com resultados muito positivos para os alunos.

Os chats, ao contrário dos fóruns, são atividades síncronas, ou seja, o professor e o aluno precisam estar conectados ao mesmo tempo para participar da discussão. Ler um chat, depois que ele já ocorreu, gera uma sensação bem diferente daquela de estar participando do chat no momento em que as discussões ocorrem. Pode ser proposto um texto para leitura antes do chat ou o professor pode iniciar a 'aula' sem que haja uma leitura prévia. Durante o chat, é interessante realizar atividades paralelas, como desenhar, abrir e percorrer páginas da web etc. Alguns chats permitem que o professor bloqueie os alunos quando quer dar uma parte da aula expositiva, e os alunos podem então 'levantar a mão' para fazer perguntas. Em geral, além da comunicação entre todos pelo chat, também é possível conversar reservadamente com outros colegas e mesmo com o professor por meio de mensagens privadas. No meio de um chat, por exemplo, pode-se dividir a turma em grupos para fazer alguma atividade, e posteriormente os alunos retornarão ao chat para expor e debater suas conclusões.

O professor ainda pode propor um problema a ser resolvido ou um projeto a ser elaborado a distância, individualmente ou em grupo. O PBL (*Problem Based Learning*), ou o aprendizado baseado em problemas, foi adotado como marca por muitos projetos de EaD. Nessas atividades, uma situação real ou simulada é apresentada para os alunos, que devem então tomar uma decisão. Na aprendizagem por objetivos (*goal-based learning*), o aluno deve executar uma tarefa e, assim, aprende fazendo, já que normalmente precisa desenvolver algumas habilidades para cumprir sua missão.

É incrível a variedade de exercícios que os softwares voltados para EaD permitem que o professor crie, mesmo sem conhecimentos de informática. Normalmente, é possível criar um Banco de Questões e depois selecionar as que interessam na elaboração de cada teste. As questões podem ser, entre outras: verdadeiro/falso, e/ou, múltipla escolha, correspondência, combinação, ordenação, preenchimento de espaços em branco, respostas curtas ou redações mais longas, com muitas variações inclusive em cada um desses exercícios.

Apesar da resistência de muitos educadores aos exercícios, em razão da associação com o behaviorismo de Skinner, eles são altamente eficazes como uma das atividades do mix proposto de avaliações em um curso de EaD multimídia ou on-line.

Web Quest é outra atividade comum em EaD, que consiste na proposta de uma pesquisa na internet, feita em grupo ou individualmente. No caso do *Blended Quest*, outras fontes devem ser utilizadas além da web.

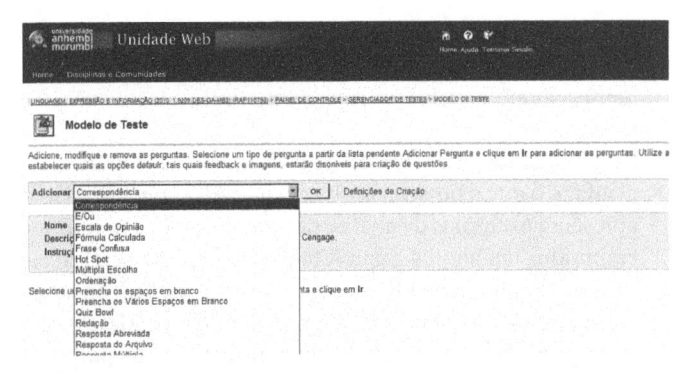

Figura 4.1: Possibilidade de criação de exercícios no Blackboard. (Fonte: Disciplina ministrada na Universidade Anhembi Morumbi, 2010.)

Como tem se tornado mais simples o uso de áudio e vídeo na Internet, é possível empregar cada vez mais recursos multimídia nas atividades em EaD. *Feedback* em voz, por exemplo, mesmo quando utilizado em atividades assíncronas, pode economizar tempo do professor e motivar os alunos por soar mais pessoal do que textos.

O uso de games tem sido também muito comum em EaD. Mattar (2010) explora uma diversidade de usos de games em educação:

1. Propor atividades que estejam indiretamente relacionadas ao universo dos games, como leituras, resenhas, debates, desenhos etc. Ou seja, utilizar games que já fazem parte da vida dos alunos como temas ou referências para atividades mais tradicionais, em sala de aula ou fora. Isso pode, obviamente, gerar um nível de motivação adicional.
2. Explorar como os games em geral, não necessariamente os games educativos, podem colaborar com a educação. Que relações é possível traçar, por exemplo, entre as teorias da educação e a teoria que começa a se formar sobre games? Como o design de games pode colaborar com o design ins-

trucional? De que outras maneiras o universo dos games pode colaborar com o ensino e a aprendizagem? O que podemos aprender sobre educação assistindo aos jovens jogarem games?
3. Analisar o que há de pedagógico em um game comercial específico, o que é possível ensinar e aprender com ele. Mattar apresenta exemplos de análise de princípios de aprendizado embutidos em alguns games comerciais, apesar de eles não terem sido desenvolvidos especificamente para a educação. Ou seja, o que os *gamers* estão aprendendo (sem desconfiarmos) jogando alguns games que a princípio nos pareciam bobinhos e triviais.
4. Integrar games, inclusive comerciais, na educação presencial e a distância. Ou seja, como as instituições de ensino e os professores podem trazer os games para a sala de aula? Como eles podem ser jogados como atividades que façam parte do currículo? Como jogar um game fora da aula pode ser considerado lição de casa? Como utilizar games em educação a distância? Como, enfim, integrar o uso de games nos nossos planos de ensino.
5. Criar games educacionais. O universo dos *serious games* seria apenas mais uma das possibilidades.
6. Possibilitar que os alunos desenvolvam games como uma atividade educacional. Os jovens utilizam hoje, com maior fluência, ferramentas multimídia e inclusive de programação. Portanto, inseri-los no fantástico universo do design de games é uma das atividades que Mattar sugere como proposta para integração entre a educação e as ferramentas que eles já dominam, além de permitir que enxerguem a estrutura por detrás dos games que jogam.
7. Integrar o designer de games no planejamento de currículos, cursos e materiais pedagógicos, como, por exemplo, na produção de material para educação a distância. Mattar explana essa tese nesse livro.

Mundos virtuais, dispositivos móveis e realidade aumentada, entre outras ferramentas, têm sido cada vez mais utilizados como suporte para atividades em EaD. Eles serão explorados no Capítulo 8.

Essas são apenas algumas das ações possíveis em EaD. O tutor tem à sua disposição uma diversidade de atividades suportadas pela internet com diferentes objetivos pedagógicos, como quebra-gelo, motivação, senso crítico, *brainstorm*, criatividade, estudos de casos, discussão, colaboração e outros. A Tabela 4.1 procura listar uma variedade de técnicas pedagógicas para utilização em EaD on-line.

Tabela 4.1: Atividades em EaD

Starter-wrapper	Alguns alunos são responsáveis por iniciar as discussões e outros por finalizá-las. Os alunos podem desempenhar diferentes papéis (advogado do diabo, questionador, mediador, comentarista etc.).
Discussão de artigos	Individual ou em grupo, com a possibilidade de os alunos escolherem que artigos desejam comentar.
Jigsaw (quebra-cabeça)	Divisão de um texto em partes, que então são comentadas por grupos.
Exploração da web e leituras	Avaliação e classificação de artigos.
Reações a observações	Estágios ou experiências no trabalho de campo que podem ser propostas em forma de diários on-line.
Controvérsia estruturada	Os alunos devem desempenhar um papel, que inclusive podem escolher.
Discussão de tópicos	Alunos podem sugerir e votar nos tópicos a serem discutidos.
Estudo de caso	Podem ser propostos pelo professor ou pelos alunos.

Tabela 4.1: Atividades em EaD (*continuação*)

Quebra-gelo e fechamento	Apresentações dos alunos, expectativas em relação ao curso, desafios, testes, escolha de um aluno para ter o rendimento comentado pelos demais no final do curso etc.
Scavenger hunt (caçadas eletrônicas)	Questões referentes a um tópico são propostas, e os sites para pesquisa, predeterminados pelo professor.
Pesquisas e votações	Pode ser discutida a opinião da maioria e da minoria.
Comentários interativos	Os alunos podem comentar os links sugeridos pelos colegas, o que têm em comum com eles etc.
Papel de *feedback* para os colegas	Escolha um aluno ou amigo para comentar o trabalho e ajudar o colega durante o semestre.
Round-robin (atividades circulares)	Histórias que são construídas ou problemas que cada membro de um grupo ou da classe resolve parcialmente, sendo a produção de um aluno passada para o aluno seguinte, com tempo determinado para acrescentar sua contribuição.
Publicações	Publicações na web dos trabalhos dos alunos e dos grupos.
Simpósio	Pode ser realizado no final do semestre com um especialista escolhido pelos alunos.
Brainstorm	Envolvendo ideias na web, com as quais pode ser criada uma lista das melhores.
Convidados especialistas	Debates síncronos ou assíncronos.

Adaptada de diversas ideias e tabelas apresentadas em: BONK, Curtis J.; DENNEN, Vanessa. Frameworks for research, design, benchmarks, training, and pedagogy in web-based distance education. In: MOORE, Michael Grahame; ANDERSON, William G. (Ed.). *Handbook of distance education*. Mahwah, NJ: Lawrence Erlbaum, 2003. p. 331-48.

5 – Avaliação em Educação a Distância

A avaliação tem se transformado em uma questão cada vez mais crítica no ensino superior, gerando inúmeras reclamações por parte dos alunos, inclusive processos judiciais. Os alunos esperam notas elevadas simplesmente por participarem das aulas e cumprirem as atividades solicitadas pelos professores. A qualidade do trabalho final é muitas vezes confundida com a quantidade de esforço despendido – se eu trabalhei bastante, devo necessariamente ter uma nota alta.

Fora do Brasil, é comum a utilização de rubricas para avaliação, que têm critérios com níveis de detalhe impressionantes. Para a participação em fóruns, por exemplo, a nota pode estar dividida em número de: *posts* (valendo 20), qualidade da informação (40), profissionalismo (20) e prazos (20), tendo cada um desses itens uma divisão em colunas (90%-100%, 60%-89%, 30%-59% e 0%-29%), com a discriminação do que o aluno precisa fazer para tirar uma nota em cada uma das colunas.

Educadores brasileiros tendem a questionar se critérios de avaliação assim tão rígidos não engessariam o curso, matando a criatividade. Talvez essas diferenças reflitam diferenças culturais – você já deve ter ouvido falar que brasileiro não gosta de ser avaliado! E um professor brasileiro tende a dizer: eu gostaria de preservar um espaço subjetivo na avaliação que faço dos meus alunos.

Na verdade, as rubricas podem ser mais abertas ou detalhadas, dependendo do professor. Critérios de avaliação pouco claros tendem a proporcionar mais liberdade de criação, mas por outro lado produzem muito estresse. A realidade é que os alunos serão avaliados e, certamente, querem tirar a melhor

ID Project 02-03 Rubric			
Paper Part 1 Part 2 Part 3 Part 4 Part 5 Part 6 Part 7 ORG-REF-GR			
10% of total grade	EXCEEDS EXPECTATION	MEETS EXPECTATION	FALLS BEL EXPECTATI
REFLECTION PAPER	**9 - 10**	**8 - 8.9**	
Contains a metaphorical description of ID.	A creative metaphor that is made applicable through a lucid description of it and clear explanation of it.	A metaphor that is made applicable through a description of it and explanation of it.	A metaphor to make no because it i described w is not expla
Reflection on learning	Student writes a clearly worded and organized synthesis (bringing together concepts) and reflection (tying to prior experience) about his/her experiences in ID. Examples are strongly tied to the reflection.	Student writes a clearly worded and organized synthesis (bringing together concepts) and reflection (tying to prior experience) about his/her experiences in ID. Examples are strongly tied to the reflection.	Other negat the lack of a synthesis (t together co reflection (ty experience) used are we missing.
Application of ID skills to educational technology	Student writes a clearly worded explanation of how ID might relate to his/her future work in EdTech.	Student writes a clearly worded explanation of how ID might relate to his/her future work in EdTech.	Students th scattered, u or missing.

(De Mattar — http://blog.joaomattar.com/)

Figura 5.1: Rubrica. (Fonte: Disciplina *Instructional Design*, ministrada em 2010 na Boise State University.)

nota possível, ou porque recebem bolsas de estudos que estão atreladas ao seu desempenho na instituição, ou serão cobrados pelos próprios pais, que muitas vezes pagam as mensalidades, ou simplesmente desejam ter um boletim exemplar que possa ter valor para seu futuro profissional, ou ainda apenas para sua autoestima. Por isso, naturalmente os alunos querem saber como serão avaliados e as razões que podem levá-los a, por exemplo, perder suas bolsas de estudos.

Com os critérios de avaliação esperamos ter algo definido, observável e mensurável, que pode inclusive gerar motivação para o desenvolvimento do trabalho do aluno. As rubricas permitem estabelecer níveis de qualidade para o produto esperado dos alunos, mantendo a flexibilidade. Usar rubricas para atividades mais criativas, entretanto, torna-se realmente um desafio bem mais complexo, pois teríamos que definir os atributos da criatividade que estão sendo buscados na atividade do aluno.

Além disso, rubricas desempenham um papel essencial também na credibilidade das instituições de ensino, como nos Estados Unidos. Os cursos de Tecnologia Educacional da Boise, por exemplo, estão alinhados com os padrões da Association for Educational Communications and Technology (AECT), e as avaliações, por consequência, precisam estar alinhadas com esses padrões. Sem as rubricas e os trabalhos dos alunos, a instituição não teria evidências dos seus resultados, e o apoio financeiro pode inclusive faltar a uma instituição que não tenha credibilidade. A questão em EaD é mais crítica, porque todos sabemos que cursos a distância ainda são, por muitos, alvo da falta de credibilidade.

O *Kathy's schrock guide for educators*[1] tem uma página sobre avaliação[2] com inúmeras informações e links para rubricas. Veja também modelos de rubricas para vídeos[3], o interessante e longo artigo *Creating rubrics*[4], e uma lista de rubricas para diversos tipos de trabalho[5]. Um software muito utilizado para a elaboração de rubricas é Rubistar[6].

---

[1] <http://school.discoveryeducation.com/schrockguide/>.
[2] <http://school.discoveryeducation.com/schrockguide/assess.html>.
[3] <http://www.uwstout.edu/soe/profdev/videorubric.html>.
[4] <http://www.teachervision.fen.com/teaching-methods-and-management/rubrics/4521.html>.
[5] <http://www.uwstout.edu/soe/profdev/rubrics.shtml>.
[6] <http://rubistar.4teachers.org/index.php>.

A palavra *rubrica* tem origem nos manuscritos medievais, indicando orientações para os serviços litúrgicos e o que deveria ser dito em missas. Que escolha de nome infeliz para critérios de avaliação na educação contemporânea, que tenta desesperadamente se libertar da educação tradicional para conseguir lidar com seu novo público!

Em propostas inovadoras, além de o aluno poder negociar o programa, as atividades sugeridas e os critérios de avaliação, nas primeiras semanas de aula, ao propor um projeto ele deve também propor os critérios pelos quais esse projeto deveria ser avaliado pelo professor; ou seja, cada trabalho acaba sendo avaliado em função de critérios distintos, adequados àquele trabalho específico e propostos pelo próprio aluno.

A questão cultural é, sem dúvida, essencial nesse problema da avaliação, mas a pressão cada vez maior dos nossos alunos por clareza nos critérios de avaliação fatalmente nos levará a seguir esse mesmo caminho e refletir com maior profundidade sobre o tema, alterando a nossa prática.

Em inglês, é possível diferenciar *evaluation*, que tem o sentido de avaliar a instrução, de *assessment*, que tem o sentido de avaliar o conhecimento do aprendiz.

Pode-se falar em dois tipos de avaliação da instrução: formativa (durante o processo) e sumativa (quando o produto está pronto). Submeter materiais desenvolvidos para EaD à avaliação de terceiros antes de sua realização é um procedimento de boas práticas que reduz uma série de problemas potenciais. Smith e Ragan (2005) apresentam sugestões detalhadas para revisões por parte de especialistas, aprendizes individuais, pequenos e grandes grupos. Todos os *feedbacks* recebidos durante esses testes devem ser utilizados para repensar o design do material.

A frequência e os tipos de avaliação dos aprendizes são determinantes em EaD. Interessantes soluções são as propostas de avaliação continuada, em que os alunos são avaliados do começo ao fim do curso por sua participação em todas as atividades, e não apenas por uma ou outra prova em datas determinadas. Outra solução interessante são as avaliações cruzadas ou por pares, em que os alunos e os grupos trocam e comentam os trabalhos dos outros.

Em língua portuguesa, temos disponível uma obra essencial sobre o tema, organizada por Marco Silva e Edmea Santos: *Avaliação da aprendizagem em educação online*. São mais de 500 páginas e 35 capítulos escritos por destacados pesquisadores de EaD brasileiros, divididos em três partes: (a) fundamentos, (b) interfaces e dispositivos e (c) relatos de experiências.

No excelente capítulo 'Problemáticas da avaliação em educação *online*', em outro livro que tem como um dos organizadores Marco Silva (*Educação online:* cenário, formação e questões didático-metodológicas), a portuguesa Maria João Gomes, da Universidade do Minho, apresenta diversos elementos e estratégias que podem ser considerados na avaliação on-line: a problemática da verificação da identidade do aluno; a influência da abordagem pedagógica; registros automáticos nos LMSs; testes; fóruns; atividades síncronas, como chats e VoIP; portfólios digitais e mapas conceituais.

Segue uma rápida passagem por algumas fontes que abordam a questão da avaliação da aprendizagem.

SHEPARD, Lorrie A. et al. Effects of introducing classroom performance assessments on student learning. *CSE Technical Report 394*, fev. 1995[7].

Conclui que avaliações de performance não melhoraram a aprendizagem dos alunos.

WILLIAMS, J. et al. Learner assessment in multimedia instruction: considerations for the instructional designer. In:

---

[7] <http://www.cse.ucla.edu/products/Reports/TECH394.pdf>.

WILLIS, D. et al. (Ed.). *Society for information technology & teacher education international conference 2000*: proceedings of Site 2000. 11th. San Diego, California, 8-12 fev. 2000, p. 1126-31.

No caso de instrução por CD ou web, os objetivos de aprendizagem são ainda mais importantes do que na instrução tradicional. O texto discute vários outros pontos da avaliação para CD ou web, como *feedback* para o aluno, avaliações pelo computador *versus* por instrutor, portfólio, projetos etc.

CONDERMAN, Greg; KOROGHLANIAN, Carol. Writing test questions like a pro. *Intervention in School and Clinic*, v. 38, n. 2, p. 83-7, 2002.

Oferece dicas para desenvolver testes para a sala de aula do tipo verdadeiro/falso, múltipla escolha e associação de colunas. No final, apresenta links como Test Anxiety[8] e Quizzes, Tests, and Exams[9].

HARLEN, Wynne. The inequitable impacts of high stakes testing. *Education Review*, v. 17 Issue 1, p. 43-50, outono 2003.

Interessante artigo que explora o impacto da avaliação e dos testes sumativos (feitos no final de um processo instrucional) no sucesso e na realização dos alunos. Ele defende que esses testes em larga escala podem ter um efeito negativo na performance e na atitude dos alunos em relação à aprendizagem.

JONES, Brett D. The unintended outcomes of high-stakes testing. *Journal of Applied School Psychology*, v. 23, Issue 2, p. 65-86, jul. 2007.

Examina os resultados não intencionais de testes de larga escala na instrução, nos estudantes e nos professores. Conclui que muitos dos resultados não intencionais são negativos.

---

[8] <http://ub-counseling.buffalo.edu/stresstestanxiety.shtml>.
[9] <http://honolulu.hawaii.edu/intranet/committees/FacDevCom/guidebk/teachtip/quizzes.htm>.

Appropriate use of high-stakes testing in our nation's schools[10]. Curto texto da American Psychological Association (APA) sobre testes de larga escala nas escolas dos Estados Unidos, com referência aos *Standards for Educational and Psychological Testing*[11].

Katie couric's notebook: standardized tests *(CBS News)*[12].

Testes padrão e em larga escala realmente medem como nossas crianças vão na escola e na vida? Um dos problemas é que os professores acabam sendo obrigados a ensinar para os testes.

Grading 2.0: evaluation in the digital age[13] é um post muito interessante sobre avaliação na era digital, que deu origem a uma boa discussão mediada por John Jones, Dixie Ching e Matt Straus.

As mudanças geradas pelas novas tecnologias da informação têm levado os educadores a questionar se nossos modelos de avaliação são compatíveis com a maneira pela qual nossos alunos deveriam estar aprendendo, e as habilidades que eles precisam adquirir para competir na era da informação. Como alinhar adequadamente técnicas para dar notas e avaliar a maneira pela qual nossos alunos aprendem hoje?

O padrão de ensinar para a prova evidencia especificamente os resultados "testáveis". Esse padrão está desconectado de todas as habilidades de criação, produção, remixagem e rede que os alunos desenvolvem em seu envolvimento diário com novas mídias. Ademais, o sistema de avaliação tradicional tende a medir os alunos individualmente, por meio de testes de múltipla

---

[10] <http://www.apa.org/pubs/info/brochures/testing.aspx>.
[11] <http://www.apa.org/science/programs/testing/standards.aspx>.
[12] <http://www.youtube.com/watch?v=gKFUoxGLiiQ>.
[13] <http://www.hastac.org/forums/hastac-scholars-discussions/grading-20-evaluation-digital-age>.

escolha e perguntas com resposta escrita. Com o crescimento de práticas de ensino que incluam mais projetos em grupo e envolvam o uso de ferramentas inteligentes para resolver problemas ou comunicar ideias, vai se tornar cada vez mais difícil avaliar alunos nos moldes tradicionais. Além disso, os testes atuais, amplamente utilizados, não são projetados para medir quão bem os alunos aplicam seus conhecimentos a novas situações.

Pode-se ainda questionar: como as novas mídias digitais podem ser usadas para desenvolver novas estratégias para dar notas e avaliar? Um exemplo mencionado é o post de Cathy Davidson, *How to crowdsource grading*[14], em que ela expõe o método de avaliação que utilizou em um de seus cursos, com atividades avaliadas pelos pares, notas dadas basicamente em função da realização das atividades e da possibilidade de refazer trabalhos não avaliados positivamente pelos colegas. O post original de Davidson gerou também várias reações, dando origem a uma sequência bastante interessante: *Crowdsourcing grading: follow-up*[15], em que ela faz uma reflexão sobre a avaliação. Não nos lembramos de nossas melhores experiências de avaliação, apesar de nos lembrarmos de nossas melhores experiências de ensino. É necessário também avaliar a avaliação! Tornamo-nos culturalmente obcecados com avaliações. Os métodos que usamos hoje nascem com a medição de produtividade dos operários em Taylor e as medições de produtividade cerebral em Francis Galton. Ainda nos baseamos nos testes de Binet, transformados (contra seus protestos) em testes de QI pelos militares norte-americanos para recrutamento para a Primeira Guerra Mundial.

---

[14] <http://www.hastac.org/blogs/cathy-davidson/how-crowdsource-grading>.
[15] <http://www.hastac.org/blogs/cathy-davidson/crowdsourcing-grading-follow>.

Há inúmeras experiências desenvolvidas com avaliação em diversas instituições, e inúmeros pesquisadores a refletir sobre essas questões.

Como dar notas, avaliar, ensinar, aprender e estruturar a experiência de aprendizagem para alunos na era digital, em que as experiências de aprendizagem são muito mais variadas e acessíveis do que antes? O post então cita uma série de exemplos: The learning record[16] (sistema de avaliação baseado em portfólio, para enfatizar o aprendizado do aluno), Center for teaching, learning, & technology[17] da Washington State University (novas estratégias para avaliação e formas de envolvimento na sala de aula), Challenging the presentation paradigm (in 6 minutes, 40 seconds): Pecha Kucha[18] (artigo do *Chronicle of Higher Education*), Digital youth research[19] (projeto de três anos para investigar o uso de tecnologia e mídias por crianças durante a aprendizagem diária), Re-mediating assessment[20] (blog sobre avaliação participativa em educação), The DML research hub[21] (Digital media and learning: the power of participation) e The future of learning institutions in a digital age[22] (relatório).

São então propostas interessantes questões para discussão:

1. Tecnologia e avaliação
    Como os educadores podem aproveitar as propiciações (*affordances*) das mídias digitais para criar modelos de avaliações mais eficientes em tempo, inteligentes e eficazes?

---

[16] <http://www.cwrl.utexas.edu/~Syverson/olr/contents.html>.
[17] <https://my.wsu.edu/portal/page?_pageid=177,1&_dad=portal&_schema=PORTAL>.
[18] <http://chronicle.com/blogPost/Challenging-the-Presentation/22807/>.
[19] <http://digitalyouth.ischool.berkeley.edu/>.
[20] <http://remediatingassessment.blogspot.com/>.
[21] <http://www.dmlcentral.net/>.
[22] <http://mitpress.mit.edu/catalog/item/default.asp?ttype=2&tid=11841>.

Como podemos usar novas tecnologias e compreensões sobre a mente e a cognição para nos ajudar a construir melhores métricas, rubricas etc.?

O que as tecnologias emergentes podem nos ensinar sobre métodos de avaliação? Como seria o instrumento de avaliação perfeito para conteúdo produzido pelo usuário?

2. Avaliação e pedagogia

Como podemos desenvolver lições, projetos, experiências em sala de aula e currículos que reflitam essas mudanças na tecnologia e nas habilidades?

O que significa desenhar um curso que leva a sério a ideia de que o aprendizado pode acontecer por meio dessas tecnologias digitais, desses novos modelos de dar notas e avaliação, e dessas novas habilidades midiáticas?

Como podemos preparar nossos alunos para o tipo de trabalho social, global e colaborativo em muitos dos ambientes de trabalho profissional de hoje?

Obviamente, o desenvolvimento e a implantação dessas estratégias demanda muito tempo e esforço da parte dos professores. Com uma pressão cada vez maior sobre os professores e os departamentos, como podemos suportar inovadores que já estão atormentados por tempo e energia?

3. Tudo pode ser avaliado?

Quão importante é a criatividade, e como lidar com conceitos subjetivos de uma maneira objetiva, em avaliação?

4. Avaliando as estratégias de avaliação

Como avaliamos modelos de avaliação que criamos?

O que é consistente em relação a todas essas formas de avaliação? Quais são as constantes em avaliação e em atribuir notas?

O grande problema do acesso desigual à tecnologia e à alfabetização digital deve ser considerado. Como considerar essas diferenças em nossas classes, escolas e países?

Em *Media literacy: making sense of new technologies and media*[23], George Siemens critica a discussão no Hastac. Segundo ele, dar notas é uma perda de tempo. Nós só fazemos isso em escolas e universidades. Trata-se de uma técnica de triagem, não verdadeiramente de avaliação. *Feedback* iterativo e formativo é o que é realmente preciso para o aprendizado; e isso é atingido mediante envolvimento ativo e contribuição para redes de aprendizes. Os autores do post no Hastac não estariam tentando acabar com a atividade de dar notas (como Siemens gostaria de sugerir que deveríamos): estão tentando usar a tecnologia para tornar a atividade mais "moderna" ou "em linha" com as necessidades da atual sociedade. Siemens acredita que essa é a maneira errada de fazer isso: deveríamos questionar o modelo, não modernizá-lo.

Uma opção interessante de avaliação é solicitar que os alunos submetam perguntas ao professor, apoiadas nas atividades propostas antes das aulas, que acabam assim baseando-se nessas questões enviadas pelos alunos. Comentários dos próprios alunos, durante seus trabalhos e depois da entrega, podem também ser utilizados como recursos de avaliação. Na mesma direção, ePortfolios, ou portfólios eletrônicos, têm sido cada vez mais utilizados como estratégias para avaliação em educação on-line.

---

[23] <http://www.masternewmedia.org/media-literacy-making-sense-of-new-technologies-and-media_2009_11_28/>.

6 – Direitos autorais em EaD

Uma das atividades desenvolvidas durante o 7º Senaed – Seminário Nacional Abed de Educação a Distância foi um blog sobre direitos autorais e plágio em EaD, moderado com maestria por Alexandre Oliva, Eduardo Ribeiro Augusto, Jaime Balbino Gonçalves da Silva, Jane Resina F. de Oliveira e Leandro Bottazzo Guimarães. O material continua disponível on-line[1].

Um exercício interessante para perceber como o tema é polêmico, é presenciar um recente duelo e assistir ao curso *Teaching Copyright Law* de duas fontes com visões opostas: *Recording Industry Association of America*[2] e *Electronic Frontier Foundation*[3].

Um dos lados da moeda:

O *Join the ©Team*[4] propõe atividades relacionadas a direitos autorais para crianças.

Intellectual Property Law and Interactive Media[5], de Edward Lee Lamoureux, Steven L. Baron e Claire Stewart, tem um capítulo sobre propriedade intelectual no Second Life.

Interactive Guide to Using Copyrighted Media in your Courses[6] é um guia interativo para a utilização de material protegido por direitos autorais em cursos.

---

[1] <http://senaed2009.wordpress.com/>.
[2] <http://www.campusdownloading.com/dvd.htm>.
[3] <http://www.teachingcopyright.org/curriculum/hs>.
[4] <http://www.jointheteam.com/>.
[5] <http://www.peterlang.com/Index.cfm?vID=68160&vHR=1&vUR=2&vUUR=1&vLang=E>.
[6] <http://www.baruch.cuny.edu/tutorials/copyright/>.

Outro lado da moeda:

O livro de John Boyle *The public domain:* enclosing the commons of the mind está disponível para download[7].

Um artigo recente de Felix Oberholzer-Gee e Koleman Strumpf, *File-sharing and copyright*[8], procura mostrar que o compartilhamento de arquivos e proteções de direitos autorais mais fracas geralmente beneficiam a sociedade, em vez de prejudicá-la.

Por fim, várias dicas para consulta:

Boise State University Campus Guide to Copyright Compliance[9]

Center for Social Media[10] (informações sobre *fair use* e mídia)

Copyright and Fair Use Guidelines for Teachers[11]
Creative Commons License Descriptions[12]
Flickr Creative Commons Licensed Images[13]
Prelinger Archives[14] (filmes em domínio público)
Project Gutenberg[15] (textos antigos sem direitos autorais)
United States Copyright Office[16]
Stanford University Libraries-Copyright and Fair Use[17]

---

[7] <http://www.thepublicdomain.org/download/>.
[8] <http://www.hbs.edu/research/pdf/09-132.pdf>.
[9] <http://itc.boisestate.edu/copyright/default.htm>.
[10] <http://www.centerforsocialmedia.org/>.
[11] <http://www.techlearning.com/techlearning/pdf/events/techforum/tx05/TeacherCopyright_chart.pdf>.
[12] <http://creativecommons.org/about/license/>.
[13] <http://www.flickr.com/creativecommons/>.
[14] <http://www.archive.org/details/prelinger>.
[15] <http://www.gutenberg.org/wiki/Main_Page>.
[16] <http://www.copyright.gov/>.
[17] <http://fairuse.stanford.edu/>.

Stanford University Libraries-Public Domain[18]
Wikipedia Public Domain Image Resources[19] (lista de links)
YouTube Terms of Use[20]
Web Design that Won't Get You into Trouble[21] Shirley Duglin Kennedy (dicas detalhadas para evitar problemas de direitos autorais no design para a web).

Legislação

No Brasil, para dirimir algumas dessas questões do ponto de vista legal, deve-se levar em consideração inicialmente a Legislação de Direitos Autorais, Lei nº 9.610/98.[22] Eis o que dizem alguns de seus artigos:

> Art. 7. São obras intelectuais protegidas as criações do espírito, expressas por qualquer meio ou fixadas em qualquer suporte, tangível ou intangível, conhecido ou que se invente no futuro, tais como:
> I – os textos de obras literárias, artísticas ou científicas;
> II – as conferências, alocuções, sermões e outras obras da mesma natureza;
> III – as obras dramáticas e dramático-musicais;
> IV – as obras coreográficas e pantomímicas, cuja execução cênica se fixe por escrito ou por outra qualquer forma;
> V – as composições musicais, tenham ou não letra;
> VI – as obras audiovisuais, sonorizadas ou não, inclusive as cinematográficas;

---

[18] <http://fairuse.stanford.edu/Copyright_and_Fair_Use_Overview/chapter8/index.html>.
[19] <http://en.wikipedia.org/wiki/Wikipedia:Public_domain_image_resources>.
[20] <http://www.youtube.com/t/terms>.
[21] <http://www.infotoday.com/cilmag/jun01/kennedy.htm>.
[22] LEI nº 9.610, de 19.02.98. Disponível em: <http://www.planalto.gov.br/CCIVIL/Leis/L9610.htm>.

VII – as obras fotográficas e as produzidas por qualquer processo análogo ao da fotografia;

VIII – as obras de desenho, pintura, gravura, escultura, litografia e arte cinética;

IX – as ilustrações, cartas geográficas e outras obras da mesma natureza;

X – os projetos, esboços e obras plásticas concernentes a geografia, engenharia, topografia, arquitetura, paisagismo, cenografia e ciência;

XI – as adaptações, traduções e outras transformações de obras originais, apresentadas como criação intelectual nova;

XII – os programas de computador;

XIII – as coletâneas ou compilações, antologias, enciclopédias, dicionários, bases de dados e outras obras, que, por sua seleção, organização ou disposição de seu conteúdo, constituam uma criação intelectual.

[...]

Art. 46. Não constitui ofensa aos direitos autorais:

IV – *o apanhado de lições* [grifo nosso] em estabelecimentos de ensino por aquelas a quem elas se dirigem, vedada sua publicação, integral ou parcial, sem autorização prévia e expressa de quem as ministrou;

VI – a representação teatral e a execução musical, quando realizadas no recesso familiar ou, para fins exclusivamente didáticos, nos estabelecimentos de ensino, não havendo em qualquer caso intuito de lucro;

VIII – a reprodução, em quaisquer obras, de pequenos trechos de obras preexistentes, de qualquer natureza, ou de obra integral, quando de artes plásticas, sempre que a reprodução em si não seja o objetivo principal da obra nova e que não prejudique a exploração normal da obra reproduzida nem cause um prejuízo injustificado aos legítimos interesses dos autores.

[...]

> Art. 87. O titular do direito patrimonial sobre uma base de dados terá o direito exclusivo, a respeito da forma da expressão da estrutura da referida base, de autorizar ou proibir:
> I – sua reprodução total ou parcial, por qualquer meio ou processo;
> II – sua tradução, adaptação, reordenação ou qualquer outra modificação;
> III – a distribuição do original ou cópias da base de dados ou a sua comunicação ao público;
> IV – a reprodução, distribuição ou comunicação ao público dos resultados das operações mencionadas no inciso II deste artigo.

Não é preciso dizer que a expressão "apanhado de lições" em estabelecimentos de ensino não é clara e precisa para dirimir supostas dúvidas em relação ao uso de material protegido por direitos autorais em ambientes, presenciais ou virtuais, de educação.

O profissional de EaD, e mesmo o aluno, deve entretanto conhecer não apenas a Lei de Direitos Autorais, mas também a Lei de Software, Lei nº 9.609/98[23], que discute especificamente questões de propriedade intelectual de programas de computador, incluindo proteção aos direitos autorais e registro, garantias dos usuários, contratos, penalidades e sanções. Vejamos alguns artigos que esclarecem (ou deveriam esclarecer) muitas dúvidas para quem trabalha com EaD:

> Art. 4. Salvo estipulação em contrário, pertencerão exclusivamente ao empregador, contratante de serviços ou órgão público, os direitos relativos ao programa de computador, desenvolvido e elaborado durante a vigência de contrato ou de vínculo estatutário, expressamente destinado à pesquisa e desenvolvimento, ou

---

[23] Disponível em: <http://www.planalto.gov.br/ccivil/Leis/L9609.htm>.

em que a atividade do empregado, contratado de serviço ou servidor seja prevista, ou ainda, que decorra da própria natureza dos encargos concernentes a esses vínculos.

§ 1º Ressalvado ajuste em contrário, a compensação do trabalho ou serviço prestado limitar-se-á à remuneração ou ao salário convencionado.

§ 2º Pertencerão, com exclusividade, ao empregado, contratado de serviço ou servidor os direitos concernentes a programa de computador gerado sem relação com o contrato de trabalho, prestação de serviços ou vínculo estatutário, e sem a utilização de recursos, informações tecnológicas, segredos industriais e de negócios, materiais, instalações ou equipamentos do empregador, da empresa ou entidade com a qual o empregador mantenha contrato de prestação de serviços ou assemelhados, do contratante de serviços ou órgão público.

§ 3º O tratamento previsto neste artigo será aplicado nos casos em que o programa de computador for desenvolvido por bolsistas, estagiários e assemelhados.

Pela complexidade da legislação, da qual essas citações são apenas uma amostra, fica claro que as instituições de ensino devem sempre procurar a orientação de experientes advogados especializados em direitos autorais para definir suas práticas, e os professores e alunos de EaD devem sempre dissipar suas dúvidas nas instituições às quais estão vinculadas, e, na dúvida, é sempre melhor não utilizar um material sobre o qual não se sintam seguros em relação aos direitos autorais.

Antipirataria

Mundialmente, sites de trocas de arquivos têm sido processados, e usuários, inclusive adolescentes, têm sido presos por troca de filmes e download de músicas na internet, além de pessoas e empresas que comercializam arquivos pirateados. A

Associação Brasileira das Empresas de Software (Abes)[24] tem procurado coordenar esforços antipirataria em nosso país. Alguns de seus Grupos de Trabalho denominam-se 'Anti Pirataria Corporativa' e 'Anti Pirataria Consumo'. As iniciativas antipirataria de software no Brasil começaram em 1989 por meio da parceria entre a Abes e aBusiness Software Alliance (BSA). Desde então, essas entidades unem esforços para educar e conscientizar consumidores sobre o uso correto e o gerenciamento de software, conforme a legislação em vigor, produzindo inclusive relatórios oficiais sobre a pirataria de software no Brasil.

Creative commons ⓒⒸ

Ao contrário do que muita gente pensa, em princípio tudo o que está disponível na internet está protegido por direitos autorais, a menos que já tenha caído em domínio público. Alguns autores, entretanto, têm liberado suas criações para exploração sem fins lucrativos.

Ainda estão surgindo fórmulas inovadoras para lidar com a questão dos direitos autorais na internet, em que se combinam liberdade para uso individual e comercial de diversos tipos de materiais, como textos, arquivos de sons, imagens, vídeos etc.

Um exemplo que cresceu bastante e se tornou um padrão é o Creative Commons, que procura combinar proteção com liberdade, por meio da modificação do lema "todos os direitos reservados" para "alguns direitos reservados", ou seja, alguns direitos são cedidos ao público enquanto outros são retidos pelos autores, mediante diversos modelos de contratos e licenças.

No Brasil, o projeto é gerido pelo Centro de Tecnologia e Sociedade (CTS), da Escola de Direito da Fundação Getúlio

---

[24] Disponível em: <www.abes.org.br>.

Vargas no Rio de Janeiro. Vale a pena percorrer o site[25] e compreender qual é a proposta do Creative Commons. É provável que esse modelo seja cada vez mais utilizado e se torne um padrão para a EaD.

Internet e fim do *copyright*

É possível identificar uma oposição radical nas concepções legais sobre a internet, cujo confronto deve determinar o futuro da legislação sobre o ciberespaço. De um lado, aqueles que acreditam que as leis, como estão, são suficientes, e a questão do *fair-use* (ou uso justo) deve continuar regulando as discussões sobre os direitos autorais, mesmo no ambiente eletrônico. De outro lado, aqueles que acreditam que a informação deve ser livre, que é impossível regular a internet, por sua própria natureza anárquica e pelo processo de globalização ao qual está submetida. Pode-se visualizar um meio-termo: as leis atuais não vão funcionar para a sociedade da informação, e tende a ocorrer uma erosão da noção de *fair-use*. Seria necessária, então, a redação de novas leis que possam disciplinar esse novo cenário.

Muitos defendem que o desenvolvimento da internet acabará por decretar o fim do *copyright*. Enquanto isso não ocorrer, se é que ocorrerá algum dia, é importante que os profissionais de EaD procurem sempre ter certeza de que o material que estão utilizando não esteja protegido intelectualmente, ou que tenham autorização ou direito de usá-lo.

Professores e produção de conteúdo

No caso de obras multimídia, como games, é muito difícil conceber que os direitos autorais pertencem aos criadores dos sons,

---

[25] <http://www.creativecommons.org.br/>.

imagens, fotos etc., ou aos organizadores (no caso de obras coletivas), enquanto os direitos autorais sobre o software pertencem ao encomendante, empregador ou contratante dos serviços.

A mesma complexidade pode ser observada em relação aos direitos autorais do material de cursos, cujo conteúdo é produzido pelos professores, principalmente com o desenvolvimento da educação a distância.

Tradicionalmente, os professores eram os "donos" do material didático que organizavam para seus cursos presenciais, tanto que podiam "transportá-lo" quando mudavam de uma instituição de ensino para outra, e inclusive muitas vezes chegavam a publicar esse material, recebendo *royalties* como seus autores. A questão que se apresenta para a EaD é a seguinte: as faculdades e universidades têm o direito de disponibilizar on-line o material de cursos, organizados por seus professores, e lucrar com esse material sem que os professores sejam remunerados? Afinal, teria o professor já sido pago para desenvolver seu curso, ou apenas para ministrar as aulas, mantendo nesse sentido os direitos de propriedade intelectual sobre o material didático? Na internet, essa propriedade tende a ser facilmente perdida. Afinal de contas, quem é o proprietário intelectual do material dos cursos, os professores ou a instituição? Antes, os professores não precisavam dividir os *royalties* de seu trabalho com as instituições, o que parece, agora, estar mudando.

Quem é o detentor dos direitos autorais, por exemplo, se o professor é um funcionário registrado da instituição, e não simplesmente um terceirizado? A legislação prevê que, caso o trabalho esteja incluído no contrato entre a instituição e o funcionário, a instituição deteria tais direitos. Mas produzir material para aulas estaria previsto no contrato entre instituições de ensino e professores? E no caso de vídeos? E de transmissão por televisão? E pela internet? Como ficam os casos em que o professor utiliza os equipamentos da instituição para produzir material, e mesmo o investimento que muitas instituições fazem na produção de material para EaD?

Supostamente, se não há contrato de trabalho entre instituição e profissional especificando a produção de material para EaD, o autor deteria os direitos autorais do que tivesse produzido. Para resolver divergências, devem ser considerados o horário de trabalho, a relação trabalhista entre o empregador e o empregado, se os materiais e equipamentos são fornecidos pela instituição etc.; enfim, há uma série de variáveis que torna extremamente complexo dar uma resposta única e final a essas questões em EaD.

A lei de direitos autorais brasileira define obra coletiva como: "a criada por iniciativa, organização e responsabilidade de uma pessoa física ou jurídica, que a publica sob seu nome ou marca e que é constituída pela participação de diferentes autores, cujas contribuições se fundem numa criação autônoma", e o Art. 17 afirma: "cabe ao organizador a titularidade dos direitos patrimoniais sobre o conjunto da obra coletiva".

Se as instituições teriam os direitos patrimoniais sobre o conjunto da obra coletiva, ou seja, os direitos de comercialização da obra, os direitos autorais continuariam sendo do autor. Mas e os direitos patrimoniais específicos sobre o conteúdo produzido pelo professor, pertenceriam ainda ao docente? E o que isso quereria dizer?

A legislação brasileira permite que o autor faça uma cessão dos direitos patrimoniais da sua produção intelectual, e assim a instituição de ensino, com uma autorização do docente, pode passar a deter os direitos patrimoniais também do conteúdo, e não apenas do conjunto da obra. Dessa maneira, o contrato entre a instituição de ensino e o conteudista costuma descrever a relação de trabalho, os valores a serem pagos e os direitos e deveres de ambas as partes. Em uma solução intermediária, adotada em alguns casos, o professor continua a deter a propriedade do conteúdo (podendo, portanto, utilizá-lo em outros trabalhos) e a instituição detém a propriedade do material produzido para EaD.

Pela complexidade de todas essas questões, é importante que a instituição de ensino deixe clara sua política em relação a direitos autorais em EaD, ou seja, não é possível simplesmente atuar em EaD como se não existissem problemas. O conteudista deve também estudar os detalhes do contrato antes de assiná-lo e mesmo de se comprometer com a produção de qualquer conteúdo. São bastante comuns os casos em que as instituições fazem várias promessas verbais para o professor, como, por exemplo, participação porcentual em todas as situações de comercialização dos cursos, como ocorre com o autor de livros, que, em geral, recebe um porcentual sobre cada livro vendido, mas essas promessas não constam do contrato que ele recebe para assinar, que muitas vezes aparece apenas quando o conteúdo já foi produzido e entregue para a instituição, e então o professor tem menos poder de negociação, inclusive porque o trabalho já foi realizado.

Material dos alunos

Outro tema interessante, ligado a direitos autorais na internet, ocorre em relação ao material dos alunos que participam de cursos a distância[26]. Quem detém a propriedade do trabalho quando ele é colocado em um fórum de discussões? Seria necessário pedir permissão aos alunos de cursos on-line para que suas contribuições fossem arquivadas no servidor da universidade? Seria

---

[26] Cf. o capítulo As questões legais e o aluno virtual, em que este parágrafo está baseado, em: PALLOFF, Rena M.; PRATT, Keith. *O aluno virtual: um guia para trabalhar com estudantes on-line*. Tradução Vinicius Figueira. Porto Alegre: Artmed, 2004. p. 125-33.

necessária a assinatura de uma renúncia legal por parte dos alunos que participam do ensino a distância on-line para permitir o uso de sua imagem e de suas contribuições? Os alunos on-line são os proprietários de seu trabalho; portanto, têm o direito de dizer como ele será ou não utilizado. Os alunos têm ainda direito, mesmo com a renúncia, de saber como os cursos serão arquivados, quem terá acesso aos arquivos, o propósito com que o material será usado e por quanto tempo o arquivo será mantido. Se os alunos contribuem significativamente e suas contribuições são incorporadas às novas edições do curso, eles precisam ser recompensados de alguma maneira.

Plágios

A maior parte dos plágios, por parte dos alunos, ocorre como resultado do desconhecimento das regras de citação, não sendo em geral uma atitude intencional. No caso dos cursos on-line e da utilização da internet, aumenta ainda mais a confusão sobre como e quando citar. Pelo fato de os sites serem muito fáceis de acessar, os alunos podem, por engano, achar que tudo é domínio público, estando assim dispensados do uso da citação. Apesar disso, o entendimento dos meios acadêmicos não é esse, e programas antiplágio foram desenvolvidos e são cada vez mais utilizados para 'pegar' os alunos. Além disso, indicar a fonte de uma citação não é condição para se livrar de problemas de direitos autorais. O reconhecimento do crédito da autoria é uma questão ética de metodologia científica, mas não exime necessariamente o autor de processos por violação de direitos autorais.

Uso educacional

Um dos mitos em relação a direitos autorais em EaD é que, em educação, podemos usar o que quisermos, tudo está liberado. Isso também não é verdade.

Nem todos os usos educacionais são justos e, portanto, vários procedimentos que são bastante comuns em instituições de ensino também podem ser penalizados.

A ABDR[27], fundada em 1992, é uma associação sem fins lucrativos que reúne diversas editoras brasileiras contra a pirataria de livros. Em 2004, ela se uniu à Associação Brasileira para a Proteção dos Direitos Editoriais e Autorais (ABPDEA), fundada em 1999 por editores dissidentes. O objetivo da ABDR é a educação e a conscientização em relação aos direitos autorais, atuando também como entidade fiscalizadora e repressora da reprodução ilegal das obras de seus associados. O site da ABDR mantém listas, fotos e vídeos de apreensões feitas em diversas faculdades e universidades do país, e sempre deve ser consultado por quem tem dúvidas em relação a direitos autorais relacionados a livros.

Mas textos também não podem ser copiados da internet, assim como não podem ser copiados botões, barras, símbolos, fundos, ícones, clipart, fotos, músicas, animações, vídeos entre outros. As obras de um autor, para gozarem de proteção por direitos autorais, não precisam de registro, então em princípio tudo o que está exposto na internet está protegido por direitos autorais, da mesma maneira que os livros. Isso quer dizer também que nada pode ser usado indiscriminadamente em educação, nem em EaD, assim como não podem ser xerocados livros para uso em universidades. E não faz diferença se o acesso a um curso é protegido por senha ou não: a restrição

---

[27] Disponível em: <http://www.abdr.org.br/>.

ao acesso não altera as obrigações em relação à legislação de direitos autorais.

Como se pode perceber, em EaD esses problemas são infinitos. O autor de uma mensagem de e-mail, por exemplo, tem automaticamente copyright sobre o que produz. A simples indicação a seus alunos, por parte de um professor ou de uma instituição, de um site em que cópias ilegais de um texto podem ser obtidas, pode também gerar problemas.

Bibliotecas, principalmente bibliotecas digitais, são também outro foco de problema, pois muitas vezes podem permitir o acesso on-line a materiais (algumas vezes inclusive copiados) sem que possuam a necessária permissão dos detentores dos direitos autorais. Uma biblioteca, em princípio, tem a mesma obrigação de qualquer outra instituição de zelar pelos direitos autorais, e talvez sua obrigação seja ainda maior, portanto, deve sempre obter permissões para disponibilizar on-line materiais para seus usuários.

É importante notar que uma instituição de ensino pode ser processada tanto pelo que seus professores fazem, quanto pelo que fazem seus alunos e funcionários. Portanto, é essencial que as instituições de ensino tenham uma política bastante clara de direitos autorais, e que as regras estejam muito claras para todos os seus professores, alunos, funcionários e demais colaboradores. Em EaD, a educação em relação a direitos autorais é um tema essencial, que deveria ser trabalhado constantemente pelas instituições e pelos professores, a fim de incluir a reflexão em seus objetivos de educação dos alunos.

O principal problema é que a legislação é complexa e está em constante mutação, além de o acesso pela internet não ter fronteiras, e as leis serem diferentes em cada país. Portanto, nada que está protegido por direitos autorais em um país pode ser considerado automaticamente em domínio público em outro: é necessário sempre consultar a legislação de cada país, o que torna a tarefa praticamente impossível. Nos Estados Unidos, por exemplo, a legislação de direitos autorais já tem sido adaptada especificamente para o mercado de EaD, o que ainda não ocorreu no Brasil.

A legislação atual de direitos autorais, entretanto, mesmo com suas revisões, dificilmente será capaz de lidar com a enorme complexidade de proteger os direitos de propriedade intelectual nesse imenso mercado internacional de informações, principalmente porque a EaD tende a, cada vez mais, se internacionalizar. Mas, mesmo com essa complexidade, as instituições, os profissionais de EaD e inclusive os alunos não podem simplesmente lavar as mãos, pois têm não apenas uma obrigação legal e ética de acompanhar a legislação, como educadores ou educandos, mas também uma obrigação financeira, já que podem se tornar réus em processos que, em geral, envolvem valores monetários altíssimos.

Reforma da lei de direitos autorais brasileira

Nos últimos anos, o Ministério da Cultura vem promovendo com a sociedade brasileira um amplo debate sobre a reforma da lei de direitos autorais nacional, que incluiu a realização de seminários, reuniões e consulta pública. Por trás das propostas da reforma está a tentativa de balanceamento entre a proteção aos direitos autorais e os princípios da liberdade de acesso à informação.

Há diversas propostas, que não cabe aqui detalhar, mas que poderão alterar as regras expostas neste capítulo. É importante para o profissional da área de EaD, portanto, acompanhar essas mudanças e manter-se informado sobre as novidades no campo dos direitos autorais. Vale lembrar que, enquanto não é aprovada nenhuma alteração na lei, é ela que está valendo, ou seja, não se pode trabalhar levando em consideração uma possível alteração por vir.

7 – A Educação a Distância no Brasil

História da EaD no Brasil

Comparando o desenvolvimento da EaD no Brasil com a experiência mundial, algumas diferenças saltam aos olhos. Num primeiro momento, a EaD brasileira segue o movimento internacional, com a oferta de cursos por correspondência. Entretanto, mídias como o rádio e a televisão serão exploradas intensamente e com muito sucesso em nosso país, por meio de soluções específicas e muitas vezes criativas, antes da introdução da internet. Além disso, no Brasil a experiência das universidades abertas é retardada praticamente até há poucos anos, com a recente criação da Universidade Aberta do Brasil (UAB).

7.4 Escolas internacionais e cursos por correspondência

O *Jornal do Brasil*, que iniciou suas atividades em 1891, já registrava anúncio oferecendo profissionalização por correspondência para datilógrafo.

Considera-se marco histórico a implantação das "Escolas Internacionais" em 1904, representando organizações norte-americanas. Eram instituições privadas que ofereciam cursos pagos por correspondência em jornais. Inicialmente, os cursos eram em espanhol.

Esse era um momento de crise na educação nacional, em que a necessidade de reformas se fazia premente. Entretanto, devido à pouca importância que se atribuía à EaD, e às dificuldades enfrentadas com o uso dos correios, o ensino por correspondência recebeu pouco incentivo por parte das autoridades educacionais e dos órgãos governamentais.

Nesse período, a EaD manteve o material impresso como base, mas, posteriormente, passou a complementar o método com recursos de áudio e vídeo, transmissões de rádio e televisão, videotexto, computador e, mais recentemente, a tecnologia de multimídia.

1923 Rádio-Escola

Várias iniciativas então se sucederam: em 1923, um grupo liderado por Henrique Morize e Edgar Roquete-Pinto fundou a Rádio Sociedade do Rio de Janeiro, oferecendo cursos de português, francês, silvicultura, literatura francesa, esperanto, radiotelegrafia e telefonia. Teve início, assim, a educação pelo rádio. Em 1927, foi criada, também no Rio de Janeiro, a Comissão de Cinema Educação; em 1932, educadores lançaram o Manifesto da Escola Nova, propondo o uso dos recursos de rádio, cinema e impressos na educação brasileira.

Em 1934, Roquete-Pinto instalou a Rádio-Escola Municipal no Rio de Janeiro. Os alunos tinham acesso prévio a folhetos e esquemas de aulas, e a Rádio-Escola utilizava também correspondência para contato com os alunos.

Em 1936, a emissora Rádio Sociedade do Rio de Janeiro foi doada ao Ministério da Educação e Saúde, e em 1937 foi criado o Serviço de Radiodifusão Educativa do Ministério da Educação.

1939 Rádio Monitor

Em 1939, a Marinha e o Exército brasileiros utilizavam a EaD para preparar oficiais na Escola de Comando do Estado Maior, empregando basicamente material impresso, via correspondência.

Entretanto, os primeiros institutos brasileiros a oferecer sistematicamente cursos a distância por correspondência – profisnalizantes em ambos os casos – foram o Instituto Rádio Técnico Monitor, em 1939, e o Instituto Universal Brasileiro, em 41. Juntaram-se a eles outras organizações similares, que foram ponsáveis pelo atendimento de milhões de alunos em cursos ertos de iniciação profissionalizante a distância, até hoje.

O Instituto Monitor foi fundado em 1939, baseado na experiência de um curso a distância para a construção de um moto rádio caseiro, que utilizava apostilas de eletrônica e um . As atividades passam então a ser todas realizadas por correspondência. Cerca de 5 milhões de alunos já estudaram no titulo Monitor. Ainda hoje, ele oferece cursos técnicos, sutivos, profissionalizantes, de formação profissional e inclue presenciais, tendo recentemente desenvolvido metodologia pria para e-learning. Seus planos envolvem a mudança para a nova sede e a atuação em todos os níveis de educação.

1 IUB

tro pioneiro de EaD no Brasil é o Instituto Universal Brasileiro (IUB), fundado em 1941 por um ex-sócio do Instituto nitor, dedicando-se à formação profissional de nível elementar e médio.

O IUB já formou milhões de pessoas, e hoje possui dezenas milhares de alunos. Oferece cursos profissionalizantes (como Auxiliar de Contabilidade, Desenho Artístico e Publicitário, ografia, Inglês, Violão etc.) e supletivos. Sua principal mídia apostilas enviadas por correio.

Nas décadas de 1940 e 1950, mais instituições passaram a er uso do ensino a distância via correspondência, impulsionas pelo sucesso do Instituto Universal Brasileiro.

Recentemente, foi criado o Uniub/Cursos On-line, que substiu o material impresso pela internet e o correio pelo e-mail, n de incorporar o chat.

1943 A Voz da Profecia

A Voz da Profecia começa nos Estados Unidos, em 1929, com a transmissão de séries bíblicas pelo rádio. Em 1943, passam a ser gravados discos e transmitidos programas por rádio em português. Assim, vai ao ar o primeiro programa religioso apresentado no Brasil pelo rádio. A experiência cresceu e, hoje, transformou-se no Sistema Adventista de Comunicação, que inclui a Rede Novo Tempo de Rádio, a Rede Novo Tempo de TV, o programa Está Escrito, além de A Voz da Profecia. No mundo, existem também dezenas de escolas bíblicas por correspondência.

1947 Senac, Sesc e Universidade do Ar

Em 1947, Senac, Sesc e emissoras associadas fundam a Universidade do Ar (em 1941 havia sido criada outra Universidade do Ar, que durou dois anos), com o objetivo de oferecer cursos comerciais radiofônicos. Os alunos estudavam nas apostilas e corrigiam exercícios com o auxílio dos monitores. A experiência durou até 1961.

A experiência do Senac com EaD, entretanto, continua até hoje. Em 1976, foi criado o Sistema Nacional de Teleducação, centrado no ensino por correspondência, mas que realizou também algumas experiências com rádio e TV. Em convênio com outras instituições, o Senac desenvolveu também, a partir de 1983, uma série de programas radiofônicos sobre orientação profissional na área de comércio e serviços, denominados "Abrindo Caminhos". A partir de 1988, o sistema foi informatizado, e, em 1995, foi criado o Centro Nacional de Educação a Distância (Cead).

A partir de 1996, foi implantada a série radiofônica educativo-cultural Espaço Senac, hoje denominada Sintonia Sesc-Senac.

Em 2000, foi criada a Rede Nacional de Teleconferência, transmitida via satélite pela STV – Rede Sesc-Senac de Televisão, com interatividade em tempo real por e-mail, fax e telefone a todas as unidades do Sistema Senac, incluindo suas escolas sobre rodas e balsa-escola.

Hoje, o Senac oferece diversos cursos ministrados pela internet.

51 MEB

Na década de 1960 foi criado o Programa Nacional de Teleducação (Prontel) no Ministério da Educação e Cultura, responsável por coordenar e apoiar a EaD no país.

A Diocese de Natal, no Estado do Rio Grande do Norte, criou em 1959 algumas escolas radiofônicas, dando origem ao Movimento de Educação de Base (MEB), marco na EaD não formal no Brasil. O MEB, envolvendo a Conferência Nacional dos Bispos do Brasil e o governo federal, utilizou inicialmente o sistema radioeducativo para a democratização do acesso à educação, promovendo o letramento de jovens e adultos.

2 Ocidental School

Em 1962 foi fundada, em São Paulo, a Ocidental School, de origem americana, focada no campo da eletrônica.

7 Ibam

Na área de educação pública, o Instituto Brasileiro de Administração Municipal (Ibam) iniciou suas atividades de EaD em 1967, utilizando a metodologia de ensino por correspondência.

7 Padre Landell

A Fundação Padre Landell de Moura criou, em 1967, seu núcleo de EaD com metodologia de ensino por correspondência e rádio.

1967 Projeto Saci

Concebido experimentalmente em 1967, por iniciativa do Instituto Nacional de Pesquisas Espaciais (INPE), o Projeto Satélite Avançado de Comunicações Interdisciplinares (Saci) tinha como objetivo criar um sistema nacional de telecomunicações com o uso de satélite. A ideia do Projeto Saci era inovadora e pioneira, vislumbrando as possibilidades dos meios de comunicação de massa a serviço da prestação de serviços educacionais. O projeto, entretanto, foi encerrado em 1976.

1970 Projeto Minerva

Em 1970, teve início o Projeto Minerva, convênio entre o Ministério da Educação, a Fundação Padre Landell de Moura e a Fundação Padre Anchieta, cuja meta era a utilização do rádio para a educação e a inclusão social de adultos. O Projeto foi mantido até o início dos anos 1980.

1977 TeleCurso

Cursos supletivos a distância começaram a ser oferecidos por fundações privadas e organizações não governamentais a partir das décadas de 1970 e 1980, utilizando tecnologias de teleducação, satélite e materiais impressos.

Na década de 1970, a Fundação Roberto Marinho lançou o programa de educação supletiva a distância para primeiro e segundo graus. Hoje, denominado Telecurso 2000, utiliza livros, vídeos e transmissão por TV, além de disponibilizar salas pelo país para que os alunos assistam às transmissões e aos vídeos, e tenham também a oportunidade de acessar material de apoio. Calcula-se que mais de 4 milhões de pessoas já foram beneficiadas pelo Telecurso.

1981 Cier

O Centro Internacional de Estudos Regulares (Cier) do colégio Anglo-Americano, fundado em 1981, oferece ensino fundamental e médio a distância. O objetivo do Cier é permitir que crianças, cujas famílias se mudam temporariamente para o exterior, continuem a estudar pelo sistema educacional brasileiro.

1991 Salto para o Futuro

O programa *Jornal da Educação – Edição do Professor*, concebido e produzido pela Fundação Roquete-Pinto, teve início em 1991. Em 1995, com o nome de *Salto para o Futuro*, foi incorporado à TV Escola (canal educativo da Secretaria de Educação a Distância do Ministério da Educação), tornando-se um marco da EaD nacional.

É um programa para formação continuada e aperfeiçoamento de professores (principalmente do Ensino Fundamental) e alunos dos cursos de magistério, utilizando diversas mídias como material impresso, TV, fax, telefone e internet, além de encontros presenciais nas telessalas, que contam com a mediação de um orientador de aprendizagem. Os programas são ao vivo e permitem interação dos professores presentes nas telessalas.

As secretarias de educação e o Sesc são os parceiros responsáveis, nos Estados, pela montagem e pelo acompanhamento das telessalas. O programa atinge por ano mais de 250 mil docentes em todo o país.

2003-2007 Referenciais de Qualidade em EaD

A primeira versão dos referenciais de qualidade para EaD foi elaborada em 2003. No entanto, dada a necessidade de atualização do documento anterior, tendo em vista a dinâmica do setor e a renovação da legislação, em 2007 uma comissão de especialistas foi composta para sugerir mudanças no documento. Essa versão preliminar foi submetida à consulta pública durante o mês de agosto de 2007. Foram recebidas mais de 150 sugestões e críticas, das quais a maioria foi incorporada.

Embora seja um documento que não tem força de lei, ele será um referencial norteador para subsidiar atos legais do poder público no que se refere aos processos específicos de regulação, supervisão e avaliação da modalidade citada. Por outro lado, as orientações contidas nesse documento devem ter função indutora, não só em termos da própria concepção teórico-metodológica da EaD, mas também da organização de sistemas de EAD no Brasil

2007 e-Tec

Lançado em 2007, o e-Tec – Sistema Escola Técnica Aberta do Brasil visa à oferta de educação profissional e tecnológica a distância e tem o propósito de ampliar e democratizar o acesso a cursos técnicos de nível médio, públicos e gratuitos, em regime de colaboração entre União, estados, Distrito Federal e municípios. Os cursos serão ministrados por instituições públicas.

O MEC é responsável pela assistência financeira na elaboração dos cursos. Aos estados, Distrito Federal e municípios cabe providenciar estrutura, equipamentos, recursos humanos, manutenção das atividades e demais itens necessários para a instituição dos cursos. A meta é estruturar mil polos e atender 200 mil alunos até 2010.

EaD no Ensino Superior Brasileiro

No fim da década de 1980 e início dos anos 1990, nota-se um grande avanço da EaD brasileira, especialmente em decorrência dos projetos de informatização, bem como da difusão das línguas estrangeiras. Há inúmeras outras iniciativas interessantes na história da nossa EaD, que se desenvolveram basicamente nos

A Educação a Distância no Brasil ■ 65

...sinos fundamental e médio, e na capacitação de professores. ...s com as novas tecnologias da informação e da comunicação, ... abertura da legislação, a partir da década de 1980, o grande ...anço da EaD ocorreu no ensino superior.

Em 1972, o governo federal enviou à Inglaterra um grupo de ...ucadores, liderados pelo conselheiro Newton Sucupira. Cabe ...nbrar que a Open University havia sido recentemente criada. ...n relatório final, resultado da viagem, marcou, para alguns au-...es, uma posição reacionária em relação às mudanças no sis-...na educacional brasileiro, gerando um grande obstáculo à ...plantação da Universidade Aberta e a Distância no Brasil.

A Universidade de Brasília foi pioneira no uso da EaD no ...sino superior, com o Programa de Ensino a Distância (PED), ... ofertou um curso de extensão universitária em 1979. Ou-...s cursos foram produzidos e ministrados inclusive por jornal, ... 1985, além de terem sido traduzidos cursos da Open Uni-...sity. Em 1989, foi criado o Centro de Educação Aberta, Con-...uada, a Distância (Cead-UnB), que hoje utiliza diversas ...lias como correio, telefone, fax, CD-ROM, e-mail e internet.

A partir da década de 1990, as Instituições de Ensino Supe-... começaram a desenvolver cursos a distância baseados nas ...as TICs, passando a ser credenciadas para oferecer cursos su-...iores de graduação na modalidade a distância, entre as quais ...lestacam: Escola do Futuro-USP (1988), Universidade Fede-...de Santa Catarina – Laboratório de Ensino a Distância (1995), ...versidade Federal do Pará (1999), Universidade Federal do ...aná (1999), Universidade do Estado de Santa Catarina ...esc) (2000) e Universidade Federal do Mato Grosso (2001).

...islação

...aD no Brasil surge oficialmente pela Lei de Diretrizes e ...es da Educação Nacional (Lei n. 9.394, de 20 de dezembro de 1996), sendo normatizada pelo Decreto 2.494 (de 10 de fevereiro de 1998), pelo Decreto 2.561 (de 27 de abril de 1998) e pela Portaria Ministerial 301 (de 7 de abril de 1998).

A nova LDB reservou um artigo específico para o ensino e a EaD:

> "Art. 80. O Poder Público incentivará o desenvolvimento e a veiculação de programas de ensino a distância, em todos os níveis e modalidades de ensino, e de educação continuada.
>
> § 1º A educação a distância, organizada com abertura e regime especiais, será oferecida por instituições especificamente credenciadas pela União.
>
> § 2º A União regulamentará os requisitos para a realização de exames e registro de diploma relativos a cursos de educação a distância.
>
> § 3º As normas para produção, controle e avaliação de programas de educação a distância e a autorização para sua implementação caberão aos respectivos sistemas de ensino, podendo haver cooperação e integração entre os diferentes sistemas.
>
> § 4º A educação a distância gozará de tratamento diferenciado, que incluirá:
>
> I custos de transmissão reduzidos em canais comerciais de radiodifusão sonora e de sons e imagens;
>
> II concessão de canais com finalidades exclusivamente educativas;
>
> III reserva de tempo mínimo, sem ônus para o Poder Público, pelos concessionários de canais comerciais."

A partir de 1998, passa-se a normatizar os procedimentos de credenciamento de instituições para a oferta de cursos de graduação e educação profissional tecnológica a distância.

O final dos anos 1990 não nos trouxe apenas a internet e a possibilidade do trabalho em redes de colaboração, mas também reflexões sobre práticas e metodologias pedagógicas que permitissem o uso de ferramentas interativas para melhorar a qualidade do ensino-aprendizagem.

O Ministério da Educação publicou, em outubro de 2001, Portaria 2.253, regulamentando, no ensino superior, a oferta de disciplinas a distância para atender até 20% da carga horária de cursos reconhecidos, indicando no corpo da portaria o uso de tecnologias da informação e da comunicação, no artigo segundo:

> A oferta das disciplinas previstas no artigo anterior deverá incluir métodos e práticas de ensino-aprendizagem que incorporem o uso integrado de tecnologias de informação e comunicação para a realização dos objetivos pedagógicos.

No governo Lula, merecem ser citados:

Portaria 4.059/04, que trata da oferta de 20% da carga horária dos cursos superiores na modalidade semipresencial.
Portaria 4.361/04 (que revoga a Portaria 301/98).
Decreto 5.622/05, que regulamenta o artigo 80 da Lei 9.394 e revoga o Decreto 2.494/98.
Decreto 5.773/06, que dispõe sobre o exercício das funções de regulação, supervisão e avaliação de instituições de educação superior e cursos superiores de graduação e sequenciais no sistema federal de ensino.
Portarias 1 e 2 (revogada) de 2007, que tratam dos ciclos avaliativos do Sinaes, do credenciamento de instituições para a oferta de EaD e do funcionamento dos polos de apoio presencial.
Decreto 6.303/07, que altera dispositivos dos Decretos nos 5.622 e 5.773.

- Portaria 40/07, que institui o e-MEC, sistema eletrônico de fluxo de trabalho e gerenciamento de informações relativas aos processos de regulação da educação superior no sistema federal de educação.
- Portaria 10/09, que fixa critérios para dispensa de avaliação *in loco* e dá outras providências.

No caso da oferta de cursos de graduação e educação profissional em nível tecnológico, a instituição interessada deve credenciar-se no MEC, solicitando a autorização de funcionamento para cada curso que pretenda oferecer.

A Resolução nº 1 (3/4/2001), do Conselho Nacional de Educação, estabeleceu as normas para o funcionamento de cursos de pós-graduação em nosso país. Os cursos de pós-graduação *stricto sensu* (mestrado e doutorado) a distância estão submetidos a exigências de autorização, reconhecimento e renovação, ao contrário dos cursos *lato sensu*, chamados de 'especialização', apesar de existirem divergências na interpretação da legislação para esses cursos.

Várias instituições de ensino superior brasileiras já estão credenciadas para oferta de diversos cursos de graduação, sequenciais e pós-graduação *lato sensu* a distância, cuja lista pode ser conferida no site do MEC.

Empresas, associações, eventos, cursos etc.

Várias empresas já oferecem softwares de suporte para a preparação de cursos on-line, programas de EaD e inclusive *campi* virtuais. Inúmeras instituições de ensino superior no Brasil possuem hoje ferramentas próprias para a EaD, cujas pioneiras foram: a Universidade Federal de Santa Catarina (UFSC), com o Laboratório de Ensino a Distância (LED); a Universidade Anhembi Morumbi (UAM), com o Departamento de Ensino erativo a Distância; a Universidade Federal de São Paulo (Unifesp), com o Unifesp virtual; as Faculdades Cariocas, com o Univir; e a comunidade virtual de estudo da Universidade Federal de Pernambuco (UFPE), com o Projeto Virtus.

Possuímos uma Associação Brasileira de Educação a Distância (Abed)[1] e também uma Associação Brasileira dos Estudantes de Educação a Distância[2]. Desde 2003, a Abed instituiu o dia 27 de novembro como o Dia Nacional da Educação a Distância no Brasil, que tem sido comemorado com diversas atividades. Em 2009, por exemplo, o Portal Educação realizou o III Seminário Virtual de EaD, que contou com o impressionante número de mais de 8 mil inscritos[3].

O Brasil já foi sede de diversos eventos nacionais e internacionais de EaD. A Abed promove anualmente o Congresso Internacional Abed de Educação a Distância (Ciaed), e em 2009 realizou pela primeira vez totalmente on-line o 7º Senaed – Seminário Nacional Abed de Educação a Distância. Em 2006, o Rio de Janeiro sediou a 22ª Conferência Mundial de Educação a Distância do International Council of Distance Education (ICDE). Outro evento que merece destaque, que tem sido realizado semipresencialmente, é o WebCurrículo, coordenado pela PUC-SP.

Além disso, começa-se a perceber a penetração da EaD em outros eventos, mais genéricos. Na Associação Nacional de Pós-Graduação e Pesquisa em Educação (ANPEd), por exemplo, o GT 16 – Educação e Comunicação tem congregado trabalhos e pesquisadores voltados para o uso de TICs e EaD, apesar de um GT separado já se fazer necessário. O Encontro Nacional de Didática e Prática de Ensino (ENDIPE), por sua

<http://www2.abed.org.br/>.
<http://www.estudantesead.org.br/>.
<http://blog.joaomattar.com/2009/11/29/iii-simposio-virtual-de-ead-2/>.

vez, em 2010 teve um subtema denominado Educação a Distância e Tecnologias da Informação e Comunicação.

Inúmeras instituições e empresas oferecem diversos cursos voltados ao profissional da EaD. O Senac São Paulo, por exemplo, oferece os cursos Planejamento de Ambientes Virtuais de Aprendizagem, Oficina de Tutores e Design Instrucional. A PUC-SP oferece o curso Educação a Distância na Prática: planejamento, legislação e implementação. O Portal Educação[4], que se destaca no Brasil pela oferta de cursos livres on-line, oferece o Curso Online de Educação a Distância.

Existe hoje, no MEC, uma Secretaria de Educação a Distância (Seed), que desde 2007 tem como secretário o professor Carlos Eduardo Bielschowsky. Seu site informa que:

> O Ministério da Educação, por meio da Secretaria de Educação a Distância (Seed), atua como um agente de inovação tecnológica nos processos de ensino e aprendizagem, fomentando a incorporação das tecnologias de informação e comunicação (TICs) e das técnicas de EaD aos métodos didático-pedagógicos. Além disso, promove a pesquisa e o desenvolvimento voltados para a introdução de novos conceitos e práticas nas escolas públicas brasileiras[5].

Outro destaque recente na educação superior brasileira é a Universidade Aberta do Brasil (UAB)[6]. É importante dizer que a nomenclatura é enganosa, porque não se trata de uma universidade (mas de um consórcio de instituições de ensino superior públicas), nem é aberta, ou seja, com acesso a qualquer um (é necessário fazer exames de seleção).

---

[4] <http://www.portaleducacao.com.br/>.
[5] <http://portal.mec.gov.br/index.php?Itemid=356&id=289&option=com_content&view=article>.
[6] <http://uab.capes.gov.br/>.

O programa busca ampliar e interiorizar a oferta de cursos
programas de educação superior, por meio da EaD. A priori-
de é oferecer formação inicial a professores em efetivo exer-
cio na educação básica pública, porém ainda sem graduação,
m de formação continuada àqueles já graduados. Também
tende oferecer cursos a dirigentes, gestores e outros profis-
nais da educação básica da rede pública. Outro objetivo do
grama é reduzir as desigualdades na oferta de ensino supe-
r e criar um amplo sistema nacional de educação superior a
tância. Há polos de apoio para o desenvolvimento de ativi-
les pedagógicas presenciais, em que os alunos entram em
tato com tutores e professores e têm acesso a biblioteca e la-
ratórios de informática, biologia, química e física. Uma das
postas da Universidade Aberta do Brasil (UAB) é formar
fessores e outros profissionais de educação nas áreas da di-
sidade. O objetivo é a disseminação e o desenvolvimento de
todologias educacionais de inserção dos temas de áreas
no educação de jovens e adultos, educação ambiental, edu-
ão patrimonial, educação para os direitos humanos, educa-
das relações étnico-raciais, de gênero e orientação sexual e
as da atualidade no cotidiano das práticas das redes de en-
o pública e privada de educação básica no Brasil.

A Universidade Aberta do Brasil é um sistema integrado por
versidades públicas que oferece cursos de nível superior para
adas da população que têm dificuldade de acesso à forma-
universitária, por meio do uso da metodologia da EaD. O
lico em geral é atendido, mas os professores que atuam na
cação básica têm prioridade de formação, seguidos dos di-
ntes, gestores e trabalhadores em educação básica dos esta-
, municípios e do Distrito Federal.

O Sistema UAB foi instituído pelo Decreto 5.800, de 8 de
ho de 2006, para "o desenvolvimento da modalidade de EaD,
a finalidade de expandir e interiorizar a oferta de cursos e

programas de educação superior no País". Fomenta a modalidade de EaD nas instituições públicas de ensino superior, bem como apoia pesquisas em metodologias inovadoras de ensino superior respaldadas em tecnologias de informação e comunicação. Além disso, incentiva a colaboração entre a União e os entes federativos e estimula a criação de centros de formação permanentes por meio dos polos de apoio presencial em localidades estratégicas.

A tabela abaixo resume os principais momentos do desenvolvimento da EaD no Brasil:

1904	Ensino por correspondência
1923	Educação pelo rádio
1939	Instituto Monitor
1941	Instituto Universal Brasileiro
1947	Universidade do Ar (Senac e Sesc)
1961	Movimento de Educação de Base (MEB)
1965	Criação das TVs Educativas pelo poder público
1967	Projeto Saci (INPE)
1970	Projeto Minerva
1977	Telecurso (Fundação Roberto Marinho)
1985	Uso do computador *stand alone* ou em rede local nas universidades
1985	Uso de mídias de armazenamento (videoaulas, disquetes, CD-ROM etc.) como meios complementares
1989	Criação da Rede Nacional de Pesquisa (uso de BBS, Bitnet e e-mail)
1990	Uso intensivo de teleconferências (cursos "via" satélite) em programas de capacitação a distância
1991	Salto para o Futuro
1994	Início da oferta de cursos superiores a distância por mídia impressa

1995	Fundação da Associação Brasileira de Educação a Distância (Abed) Disseminação da internet nas Instituições de Ensino Superior, via RNP
1996	Lei de Diretrizes e Bases da Educação Nacional Criação da Secretaria de Educação a Distância (Seed)
1997	Criação de Ambientes Virtuais de Aprendizagem Início da oferta de especialização a distância, via internet, em universidades públicas e particulares
1998	Decretos e Portaria que normatizam a EaD
1999	Criação de redes públicas e privadas para cooperação em tecnologia e metodologia para o uso das NTIC na EaD Credenciamento oficial de instituições universitárias para atuar em Educação a Distância
2000	Fundação do Cederj
2003	Referenciais de Qualidade em EaD (primeira versão)/Instituição do Dia Nacional da EaD
2005	Universidade Aberta do Brasil (UAB)
2006	Congresso do ICDE no Rio de Janeiro
2007	e-Tec

Modelo único de EaD

VIANNEY, João. A ameaça de um modelo único para a EaD no Brasil. *Colabor@ - Revista Digital da CVA-RICESU*, p. 29-59, set. 2008.

Neste artigo, João Vianney questiona a imposição de um modelo único de EaD por parte do MEC, a partir de 2007. Entre os documentos citados no artigo, estão: Portaria MEC n.º 02/07 (revogada); Portaria MEC n.º 40/07; Decreto n.º 6.303/2007; nova redação para os Referenciais de Qualidade para Educação a Distância, cuja redação inicial era de 2003; e formulários utilizados para avaliação, autorização e reconhecimento de cursos.

O MEC passa a exigir encontros presenciais em cursos de EaD no país, com a premissa de que esses encontros elevariam a qualidade da EaD. Vianney questiona a premissa inicialmente com exemplos internacionais, como a Open University, a Uned e a FernÜniversitat, apesar de sabermos que essas instituições reformulam constantemente seus projetos pedagógicos, até mesmo com a inclusão de encontros presenciais. Em seguida, afirma que no ensino superior do Brasil, a EaD se estabeleceu a partir de 1994 com cinco modelos distintos:

1. Tele-educação via satélite
   Eadcom/Unitins; FTC; Unopar; Uniderp; COC; Unip; Uninter; Cesumar; Estácio; Unimep; Unisa, Metodista; Claretianos; Cesumar.
2. Polos de apoio presencial (semipresencial)
   Cederj; UFMT; UnB; Ufal; Udesc; UFPR; UFSC; UFSM; Ufop e UAB.
3. Universidade virtual
   Universidades Católicas do PR; MG; DF e RS; Unisul; FGV; Aiec; UFSC; Unis; NewtonPaiva; Universo; UnB; UFF; Unifesp; UFPE; Anhembi; Iesbe.
4. Videoeducação
   Ulbra; Univ. Castelo Branco; Uniasselvi; Iesde.
5. Unidade Central
   Universidade Federal de Lavras.

Além dos documentos mencionados anteriormente, Vianney cita diversos pronunciamentos em eventos por parte do Secretário da Seed, Carlos Bielschowski, do Diretor de Políticas da Seed, Hélio Chaves Filho, e do responsável pela UAB, Celso Costa. Entre os argumentos apresentados nesses pronunciamentos estaria o de que "os brasileiros não teriam discernimento suficiente para distinguir o que seria ou não uma oferta de curso distância de qualidade, e que por isso seria necessária a ação do MEC no sentido de filtrar a atuação das instituições e de determinar um modelo de atuação" (p. 39). Foi também considerada obrigatória a instalação de unidades físicas com salas de aula, salas de recepção, salas de professores, salas de estudo biblioteca, salas de informática e laboratórios.

Segundo Vianney, a pesquisa *As Representações Sociais da Educação a Distância no Brasil*, apresentada pela Universidade Federal de Santa Catarina em 2006, e o estudo do Inep publicado em 2007, que comparava os alunos de cursos presenciais e a distância, mostrando melhor desempenho dos alunos de EaD em diversas áreas, seriam suficientes para questionar a obrigação de EaD semipresencial determinada pelo MEC. Essas estatísticas, entretanto, são as primeiras de uma série, dentro da qual será possível avaliar com mais cuidado seus resultados, tanto que o próprio Vianney faz uma discussão desses resultados.

A conclusão do artigo é bastante enfática:

> Em conclusão, a partir da observação do cenário internacional e dos indicadores coletados no Brasil, é possível afirmar que não foram encontradas evidências de qualquer ordem que pudessem dar sustentação à proposta de indução de um modelo único de educação a distância para o País. Tal proposição é tão somente inibidora do crescimento da modalidade da EaD na geração dos comprovados benefícios em inclusão social e disseminação de competências universitárias com uma aprendizagem de qualidade.
>
> A tentativa de se induzir um modelo semipresencial para a EaD no país é inconstitucional porque contrária ao dispositivo da Carta Magna de que a educação se faz com pluralidade de ideias e de métodos. E é uma ameaça, e não uma oportunidade, para o desenvolvimento do progresso da ciência da educação e da tecnologia aplicada à educação no País. (p. 54-5)

Mesmo que alguns argumentos utilizados por Vianney possam não se sustentar, sua defesa para uma multiplicidade de modelos soa natural e justificável, independente dos argumentos usados. É saudável considerar que possam existir diversos modelos de EaD, é também saudável reconhecer que diferentes modelos de EaD se consolidaram em nosso país, e não parece nada saudável baixar por decreto como se deve fazer EaD no Brasil.

Censo

O *Censo ead.br* (2010), realizado em 2009, pela Abed aponta várias características interessantes da EaD no Brasil, que vale a pena mencionar para encerrar este capítulo:

- Pelo menos 2.600.000 de brasileiros se valem da EaD.
- Enquanto na educação presencial, cerca de 80% dos estudantes estão na educação pública, no caso da EaD ao redor de 75% estão na educação privada.
- Nas regiões Sudeste e Sul, há uma predominância de alunos em instituições privadas, enquanto nas regiões Norte e Nordeste, em instituições públicas.
- O ensino superior (graduação e pós-graduação) cresce mais que o básico (incluindo EJA e técnicos).
- Os cursos voltados à formação de professores são o maior grupo (31,5%).
- Mobilidade: 42% dos alunos estão fora do estado-sede das instituições.
- A idade média do aluno da EaD (mais de 30 anos) é mais avançada do que na educação presencial.
- A evasão é maior no setor público.
- As instituições com oferta de professor presencial apresentam evasão mais baixa.
- Crescimento da EaD corporativa.

8 – O futuro da educação a distância

Quando exploramos os universos das TICs aplicadas à educação, e particularmente da EaD, falar de futuro é sempre traiçoeiro, já que as mudanças são em geral muito rápidas, às vezes mais que o próprio processo de elaboração, edição e produção de um livro, para não falar da necessidade constante de novas edições. Esse futuro, na verdade, rapidamente se transformará em presente e mesmo em passado. De qualquer maneira, este capítulo procurará apontar algumas tendências para a EaD.

Currículos mais flexíveis

Em primeiro lugar, não apenas a EaD mas toda a educação deve ser cada vez mais marcada por currículos menos rígidos e mais flexíveis. Além da proliferação de cursos livres, assistimos nos últimos anos ao surgimento de diversas modalidades mistas, como cursos sequenciais, graduação dupla etc. A tendência, também em EaD, é novas modalidades se estabelecerem, inclusive com maior liberdade para o aluno fazer escolhas em relação a seu próprio currículo.

Docência on-line independente

Outra tendência na EaD é o crescimento da docência on-line independente. Leonel Tractenberg, Régis Tractenberg e Renata Kurtz fazem um trabalho muito interessante nesse sentido, na empresas Livre Docência Tecnologia Educacional[1], além de publicarem artigos sobre o tema, como:

---

[1] <http://www.livredocencia.com/home/index.php>.

TRACTENBERG, Régis; TRACTENBERG, Leonel. The advantages of independent online teaching: an experience report. 22nd ICDE World Conference. *Anais eletrônicos*... Rio de Janeiro: ICDE, 3 a 6 set. 2006. CD-ROM.

TRACTENBERG, Régis; TRACTENBERG, Leonel. Seis competências essenciais da docência online independente. 13º Congresso Internacional Abed de Educação a Distância (Ciaed). *Anais eletrônicos*... Curitiba: Abed, 2 a 5 set. 2007. Disponível em: <http://www.abed.org.br/congresso 2007/tc/552007113218PM.pdf>.

Como os irmãos Tractenberg defendem (2006), é muito estranho que, apesar de a docência independente existir há bastante tempo, e da autonomia e independência do aluno serem um dos temas mais comuns em EaD, exista tão pouca literatura sobre o papel pedagógico do docente independente.

Para eles, o docente on-line independente é aquele professor que planeja, desenvolve, divulga, implanta e oferece de forma autônoma os seus cursos, utilizando tecnologias da comunicação e da informação, especialmente a internet. Ou seja, ele não participa apenas da tutoria, mas também dos momentos pré-curso (concepção, desenvolvimento de conteúdo e atividades entre outros) e pós-curso (avaliações do curso etc.). Isso, como eles mesmos afirmam, vai contra a "noção vigente de que a EaD requer necessariamente o trabalho de equipes multiprofissionais para ser implantada". (2007)

O docente on-line independente, portanto, torna-se autônomo em relação a rotinas de trabalho, instituições educacionais, currículo etc., seguindo uma tendência de virtualização do trabalho (trabalhadores free-lance e autônomos), alternativa que pode ser observada no caso de músicos, jornalistas, escritores etc., que hoje têm realizado seu trabalho com mais independência e autonomia, livrando-se das limitações das instituições e expandindo assim suas possibilidades e seu mercado de trabalho. Isso tem se tornado cada vez mais viável em virtude dos custos baixos e das ferramentas disponíveis.

Portanto, o docente on-line independente não está ligado a uma instituição educacional reguladora e intermediadora dos serviços educacionais que ele presta. É um empreendedor, um profissional autônomo que pode viver de seu próprio trabalho e não precisa ser contratado por uma instituição educacional e se submeter a regras, currículos ou procedimentos. Como eles afirmam, há hoje uma "condição cada vez mais comum de precarização do trabalho docente junto às instituições de ensino, que o transformam em mão de obra barata, contingenciável e substituível, desprovida de direitos e de possibilidades de participação na concepção e planejamento do seu próprio trabalho" (2007).

Atualmente, uma condição comum nos tutores de cursos de EaD, é a baixíssima participação e controle sobre o programa que já foi predefinido pela instituição. O docente on-line independente, ao contrário, tem "autonomia na autoria do projeto pedagógico e no controle dos meios de desenvolvimento, divulgação, gestão, implantação e avaliação dos seus cursos, bem como a fruição integral dos proventos financeiros gerados" (2006; 2007).

Outra passagem merece ser citada integralmente:

> No limite, a figura do docente independente opõe-se à do professor-horista, 'proletário' subordinado à instituição de ensino, que não é chamado a participar da elaboração de projeto pedagógico dos cursos, não decide sobre seus conteúdos, materiais didáticos, atividades

e formas de avaliação, e cuja função é simplesmente a de executar o que foi determinado no 'programa curricular'. (2007)

Com a redução de custos, difusão social e maior facilidade no uso de tecnologias da comunicação e da informação, as barreiras tecnológicas para os docentes on-line independentes tendem a diminuir. Por consequência, a docência on-line independente deve representar uma parcela significativa na oferta de EaD no futuro próximo.

PLEs

Outra tendência na EaD é o desenvolvimento dos Ambientes Pessoais de Aprendizagem ou Personal Learning Environments (PLEs). Como o desenvolvimento das TICs, o aluno pode agora organizar seu próprio ambiente de aprendizagem, escolhendo as interfaces, as ferramentas e os conteúdos que mais lhe interessam e que estejam mais em sintonia com seus estilos de aprendizagem preponderantes. Plataformas conhecidas como mashups, como o Netvibes, que incluem leitores de RSSs, e a facilidade de integração entre diversas ferramentas, tornam possível que o aluno acesse, agregue, configure e manipule conteúdos de acordo com seus interesses.

"The revolution will be a bus"[2] é um post interessante não pela metáfora do ônibus, mas pelas críticas que faz aos LMSs em comparação com os PLEs (que na verdade não são assim nomeados no texto).

Enquanto os LMS (Learning Management Systems) são centralizados nas e pelas instituições de ensino, um PLE (Personal

---

[2] GROOM, Jim. The revolution will be a bus. *bavatuesdays – a "b" blog*. February 1th, 2009. Disponível em: ‹http://bavatuesdays.com/the revolution will-be-a-bus/›.

Learning Environment) é coordenado pelo próprio aluno. Ou seja, não há mais necessidade de construir enormes repositórios de conteúdo para depositar objetos de aprendizagem. Ambientes Pessoais de Aprendizagem (ou PLEs) são hubs de agregação mais abertos, livres e públicos, que permitem a indivíduos e comunidades acompanharem o fluxo de informação relevante para eles, e ao mesmo tempo filtrarem e visualizarem o curso de diversas maneiras.

As instituições de EaD devem se mover para além da lógica centralizadora que os LMSs vieram simbolizar, tanto em seu design quando em seu uso rotineiro. Um LMS é pouco mais do que um sistema administrativo para arquivo de registros e administração básica de arquivos, alimentado em última instância pela eficiência institucional e pela complacência do instrutor, uma relação de cumplicidade entre fornecedores, administração e professores que permitiu um contínuo mascaramento de marketing que erroneamente nomeia esses sistemas de tecnologias de aprendizagem. A própria lógica do LMS deve ser compreendida como um mausoléu para o internamento de toda e qualquer possibilidade de um indivíduo controlar, administrar e compartilhar abertamente seu próprio pensamento com a comunidade mais ampla – é nessas criptas sombriamente seladas que você encontrará os cadáveres mumificados do conhecimento.

Ao contrário, PLEs representam um espaço no qual indivíduos em uma comunidade de aprendizagem podem compartilhar seus trabalhos em plataformas de publicação pessoal sobre as quais mantêm propriedade. No lugar de trancar a informação em sistemas centralizados, as instituições deveriam desenhar uma estrutura orientada por sindicação que energizasse seus membros a adicionar suas próprias vozes sindicadas a uma conversação mais ampla e em curso, que possa ser filtrada e visualizada por tags semânticas e categorias. E tudo isso está envolto pela crença convicta de que a abertura não é mais a exceção, mas a regra para as instituições de ensino. É sua obrigação, sua missão, sua razão de ser, fornecer as condições de possibilidade para o pensamento inspirado, permitindo simultaneamente que essa inspiração seja transmitida amplamente e bem distante, numa rede aberta.

O especialista português em TICs, Paulo Simões, tem mantido, em mais de um ano de investigação, uma coleção de links a artigos e outras fontes sobre ambientes pessoais de aprendizagem[3].

Mundos virtuais 3D

O uso de mundos virtuais tridimensionais on-line é também uma tendência para a EaD. Apesar do desconhecimento e da descrença de muitos educadores, o Second Life, por exemplo, continua sendo integrado ao currículo por diversas instituições, o que pode ser percebido pelos trabalhos acadêmicos produzidos, por sua utilização em eventos acadêmicos e pelos programas que o adotaram como ambiente virtual de aprendizagem.

Vários eventos têm utilizado o Second Life como plataforma virtual. Entre eles, podem ser mencionados: Second Life Best Practices in Education (2007, 1.200 participantes, realizado integralmente no Second Life), Rock the Academy: Radical Teaching, Unbounded Learning (2008, realizado integralmente no Second Life), 7º Senaed – Seminário Nacional Abed de Educação a Distância (2009, mais de 2 mil participantes), Virtual Worlds Best Practices in Education (2009 e 2010, ao redor de 6 mil participantes na última versão, realizado integralmente no Second Life), Slactions (realizado integralmente no Second Life) e Web-currículo.

---

[3] <http://www.diigo.com/user/pgsimoes/ple>.

Inúmeros cursos e disciplinas têm sido oferecidos no Second Life. O Grupo de Pesquisa Educação Digital – GP e-du Unisinos/CNPq, por exemplo, liderado pela professora Schlemmer (2010), desenvolveu um projeto de formação docente para a Rede de Instituições Católicas de Ensino Superior (Ricesu) utilizando o Second Life, envolvendo 13 instituições.

O Departamento de Tecnologia Educacional (Edtech) da Boise State University possui uma ilha no Second Life. Várias das disciplinas oferecidas regularmente por seus cursos de mestrado utilizam o espaço para atividades síncronas semanais: Teaching and Learning in Virtual Worlds, Educational Games & Simulations, Teaching Mathematics in Virtual Worlds e Educational Design and Building in Virtual Worlds. Um artigo interessante de Lisa Dawley, a coordenadora do programa e da ilha, que está disponível on-line[4], aborda a construção de conhecimento baseado em redes sociais ao redor de mundos virtuais e a emergência de uma pedagogia dos mundos virtuais.

Num projeto ainda mais radical, o Texas State Technical College oferece quatro Certificados em Mídia Digital e Narrowcasting inteiramente ministrados no Second Life. Os programas duram de dois a quatro semestres e incluem diversas disciplinas.

As experiências pedagógicas que têm sido realizadas em mundos virtuais, mais especificamente no Second Life, chamam a atenção para a importância do espaço de aprendizagem, o que a literatura sobre interação em educação a distância em geral não aborda (cf. Valente; Mattar, 2007). O grau de envolvimento e imersão dos alunos com o conteúdo dos cursos, com

---

[4] DAWLEY, Lisa. Social network knowledge construction: emerging virtual world pedagogy. *On the horizon,* v. 17, n. 2, p. 109-212, 2009. Disponível em: <http://edtech.boisestate.edu/ldawley/SNKC_pdf.pdf>.

os colegas e o próprio professor, em um ambiente de realidade virtual 3D como o Second Life, não parece ser facilmente reproduzível nos ambientes de aprendizagem tradicionais.

Além da importância do ambiente em três dimensões, o exercício de criação de uma identidade virtual no Second Life, por meio da construção de um avatar, também desempenha papel essencial no processo de aprendizagem. A recente investigação de Pires[5], por exemplo, conclui que, ao contrário da telepresença, que seria um mero deslocamento da voz e/ou da imagem, no caso da criação de identidades digitais virtuais no Second Life, o sujeito sente-se envolvido em uma experiência imersiva e interativa mais rica, propiciada pela sensação de ser

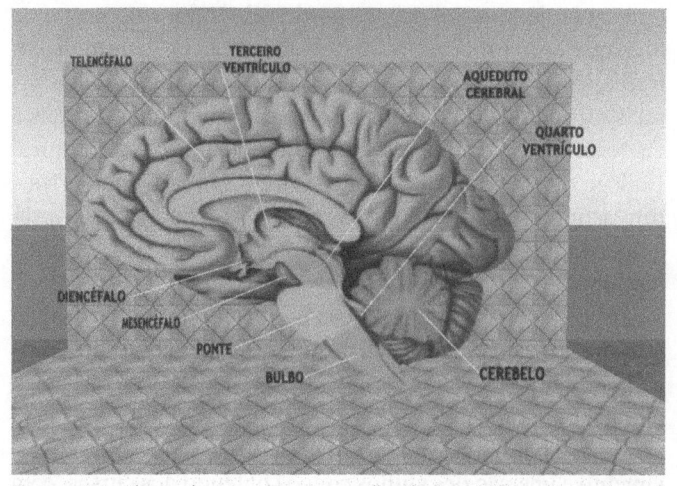

Figura 8.1: Objeto de aprendizagem na ilha do Portal Educação no Second Life. (Fonte: Autor.)

---

[5] PIRES, Daiana Trein. *Educação online em metaverso*: a mediação pedagógica por meio da telepresença via avatar em MDV3D. Dissertação (Mestrado). Unisinos, 2010. p. 207-10.

o avatar e pertencer ao ambiente. No Second Life, o estar junto virtual síncrono, as possibilidades de expressar a corporalidade e de criar identidades digitais virtuais por meio de avatares aumentam o sentimento de presença e de pertencimento, contribuindo para a superação do paradigma da distância e da falta de presença física na educação on-line.

Games

O uso de games é também uma forte tendência em EaD. Mattar desenvolve esse cenário em detalhes em *Games em educação: como os nativos digitais aprendem*. Já comentamos no Capítulo 3 suas diversas propostas para a integração de games em educação. Um exemplo recente e interessante do uso de games em EaD é o caso da Florida Virtual School (FLVS), uma escola virtual que lançou, em 2009, o Conspiracy Code, um curso online baseado em games para alunos de ensino médio, que corresponde a uma disciplina de história de um ano.

A teoria sobre o uso de games em educação, assim como de mundos virtuais, traz também uma contribuição para a superação da rigidez do design instrucional clássico, que ainda marca muitos projetos de EaD, principalmente em nosso país. Um comentário feito por um game designer, em um debate conduzido por Marc Prensky durante uma edição da Game Developers Conference, deixa isso bem claro: "Assim que você acrescenta um designer instrucional em uma equipe [de game design], a primeira coisa que ele faz é arrancar a diversão"[6].

---

[6] PRENSKY, Marc. *Don't bother me, mom, i´m learning!*: how computers and video games are preparing your kids for 21st century success and how you can help! St. Paul, MN: Paragon House Publishers, 2006. p. 83.

No meu blog, cobri os importantes IV e VI Seminários de Jogos Eletrônicos, Educação e Comunicação[7]. Seguem alguns exemplos e links interessantes.

- Uma revista on-line, gratuita e aberta sobre games é Eludamos. Journal for Computer Game Culture[8].
- O ARGuing[9] é um projeto que utilizou um ARG para o ensino de línguas.
- Um game desenvolvido pela Colorado State University explora os desafios do orçamento estadual[10].
- The Business Strategy Game é um game on-line que ensina estratégias administrativas[11].
- Financial Football ensina administração financeira[12].
- Makrops é um game de marketing[13].
- A Pequena Grande Crise é uma paródia da recente crise econômica financeira[14].
- Calangos é um jogo eletrônico para ensinar ecologia e evolução[15].
- Búzios: ecos da liberdade é o novo game desenvolvido pelo grupo coordenado pela professora Lynn Alves[16].

---

[7] Disponível em: <http://blog.joaomattar.com/iv-seminario-jogos-eletronicos-educacao-e-comunicacao/> e <http://blog.joaomattar.com/2010/05/06/vi-seminario-jogos-eletronicos-educacao-e-comunicacao/>.
[8] <http://www.eludamos.org/index.php/eludamos/index>.
[9] <http://arg.paisley.ac.uk/>.
[10] <http://chronicle.com/blogPost/Budget-Balancing-Video-Game/7969/>.
[11] <http://www.bsg-online.com/help/users/WhatIs.html>.
[12] <http://www.newyork.financialfootball.com/games/trainingcamp/ff/>.
[13] <http://www.stratxsimulations.com/markops_online_home.aspx>.
[14] <http://www.apequenagrandecrise.com.br/>.
[15] <http://calangos.sourceforge.net/>.
[16] <http://www.comunidadesvirtuais.pro.br/buzios/>.

- FisioGames desenvolve games para a saúde, como o FunPhysio[17].
- Guia do Estudante das Galáxias é um game on-line que serve de preparação para o Enem[18].
- O Game da Reforma Ortográfica permite aprender brincando as novas regras de ortografia da língua portuguesa[19].
- Arcademic Skill Builders é um site muito interessante, com games educacionais on-line para aprendizado de matemática, linguagem das artes, vocabulário e raciocínio básicos[20].
- 50 Free Online Educational Games That Are More Fun Than You'd Think apresenta 50 games e mundos virtuais para uso educacional[21].
- Playing History é um portal que se propõe a agregar games e simulações de história, disponíveis gratuitamente na web[22].
- Quest to Learn (Q2L) é uma escola nos Estados Unidos inteiramente montada sobre os princípios do game-based learning[23]. Can video games teach kids?[24] e Is video game school training a generation of professional princess rescuers?[25] questionam a experiência.

---

[17] <http://www.fisiogames.com.br/site/>.
[18] <http://guiadoestudante.abril.com.br/multimidia/guia-estudante-galaxias-514211.shtml>.
[19] <http://fmu.br/game/home.asp>.
[20] <http://www.arcademicskillbuilders.com/>.
[21] <http://howtoedu.org/2010/50-free-online-educational-games-that-are-more-fun-than-youd-think/>.
[22] <http://playinghistory.org/>.
[23] <http://q2l.org/>.
[24] <http://www.parade.com/news/2009/12/20-can-video-games-teach-kids.html>.
[25] <http://www.fastcompany.com/blog/cliff-kuang/design-innovation/school-teaches-kids-through-videogames?partner=homepage_newsletter>.

- Can gaming change education? reflete extensamente sobre o uso de games em educação, analisando por exemplo relatórios publicados no ano passado pelo MIT[26], que Mattar explora com atenção em *Games em educação: como os nativos digitais aprendem*.
- How are digital games used in schools?[27] e Digital games in schools: a handbook for teachers[28] são dois relatórios amplos e muito interessantes sobre o uso de games educacionais na Europa.
- "Como usar os games eletrônicos como um método interativo de ensino de geografia"[29] explora não só o uso de games em geografia, mas também outras questões teóricas e usos de games em educação.
- WoW e Education[30] reúne artigos, textos, livros, vídeos etc. sobre o uso do World of Warcraft em educação.
- Virtually Human[31] é um projeto que explora o uso de games no Second Life.

Mobile learning

Outra tendência clara é o uso de dispositivos móveis em educação e EaD, o que se costuma chamar de mobile learning ou m-learning, que envolve não apenas o uso de celulares, mas também PDAs, notebooks, acesso a redes sem fio etc. Um único disposi-

---

[26] <http://www.eschoolnews.com/2009/12/09/can-gaming-change-education/>.
[27] <http://games.eun.org/upload/gis-synthesis_report_en.pdf>.
[28] <http://games.eun.org/upload/gis_handbook_en.pdf>.
[29] <http://geografia.uol.com.br/geografia/mapas-demografia/29/artigo158296-1.asp>.
[30] <http://blog.joaomattar.com/2009/07/31/wow-education/>.
[31] <http://www.youtube.com/virtuallyHuman/>.

tivo móvel pode fazer ligações, tirar fotos, gravar áudio e vídeo, armazenar dados, música e vídeos, e interagir com a internet. Dispositivos móveis nos mantêm em contato com informações e atividades que desejamos enquanto estamos em movimento. Com essas novas ferramentas, os alunos podem agora exercitar ao extremo um dos lemas da EaD: estudar em todo lugar, a todo momento, caracterizando assim o aprendiz nomádico.

O uso inicial de dispositivos móveis em educação restringiu-se à realização de tarefas administrativas, como acessar um portal, checar notas e calendários, receber mensagens e informações sobre a disciplina e enviar e-mails e perguntas. Mas além disso, é possível acessar ebooks e dicionários, verificar a ortografia e o significado de uma palavra, pesquisar temas, acontecimentos, imagens e mapas, e executar funções interativas em atividades com respostas e *feedback*, como teses. Todas essas ações, entretanto, podem ainda ser consideradas behavioristas. Aplicações mais desenvolvidas envolvem gravar e ouvir podcasts, gravar vídeos, atividades colaborativas, jogar games, alimentar bancos de dados e interagir em ambientes virtuais ou de realidade aumentada.

O Horizon Report 2009[32] apresenta vários exemplos de uso de dispositivos móveis em educação, além de sugestões de leitura, que continuam crescendo no Delicious[33].

Ruth Reynard discute os desafios da utilização de dispositivos móveis no ensino superior em Mobile Learning in Higher Education[34]. Os dispositivos móveis podem, se integrados com eficiência, aumentar o envolvimento dos alunos e fornecer uma

---

[32] <http://wp.nmc.org/horizon2009/>.
[33] <http://delicious.com/tag/hz09+mobile>.
[34] REYNARD, Ruth. Mobile learning in higher education. *Campus Technology*, 23/4/2008. Disponível em: <http://campustechnology.com/articles/2008/04/mobile-learning-in-higher-education.aspx?sc_lang=en>.

experiência de aprendizado mais rica para todos. Reynard fala em múltiplos pontos de input, pelos quais os alunos devem ser capazes de acessar o conteúdo na forma mais adequada para suas preferências e seus estilos de aprendizagem – um processo de customização e individualização do estudo. Essa geração de aprendizes não deve ser submetida ao controle do input no processo de estudo, mas, ao contrário, temos de levar em consideração o conceito de autonomia do aprendiz.

Reynard fala também de múltiplos pontos de output, que permitem aumentar as conexões dos alunos com os professores, alunos em suas classes e outras classes, inclusive com a comunidade mais ampla. Ou seja, os dispositivos móveis podem ser usados para aumentar a interação e a produção do aprendizado.

Ele ainda fala em áreas ou espaços de interação. A interação não deve se limitar às aulas presenciais ou aos tempos préagendados de interação on-line. Pode-se falar então na customização do espaço de aprendizagem por parte dos alunos. Os professores não devem ditar quando e onde a interação deve ocorrer, mas guiar os alunos para reconhecer interações relevantes ou valiosas, em oposição a perdas de tempo ineficientes.

Embora estejamos nos acostumando com as ideias de coach e facilitador, Reynard sugere que pensemos nos professores como uma "conexão" utilizada no processo. Uma conexão expert, capaz de ajustar a abordagem e o método para possibilitar múltiplos espaços de aprendizagem em uma sala de aula. E em vez de pensarmos apenas na educação centrada no aluno, ele sugere que o processo todo seja dependente do envolvimento imediato e contínuo do aluno, participação e produção, o que ele chama de educação administrada pelo aluno.

ALT-J Research in Learning Technology é a revista da Association for Learning Technology (ALT), publicada três vezes ao ano. Seu volume 17 Issue 3 2009[35] foi dedicado a Mobile and Contextual Learning.

O livro a seguir está integralmente disponível on-line[36], com capítulos muito interessantes:

> HERRINGTON, Jan et al. (Ed.). *New technologies, new pedagogies: mobile learning in higher education*. Faculty of Education, University of Wollongong, 2009.

iJIM – International Journal of Interactive Mobile Technologies[37], lançada em 2007, é uma revista que explora tendências, pesquisas e experiências práticas no campo de tecnologias móveis interativas no ensino e na aprendizagem, em aplicações industriais e outras. Seu conteúdo é aberto, sendo necessário apenas o registro do usuário.

Work-based learning

O aprendizado pelo trabalho, ou *work-based learning*, é também uma tendência da educação. Sua ideia básica é integrar o estudo ao trabalho, ou seja, possibilitar que as próprias atividades no ambiente de trabalho sirvam como atividades acadêmicas, diminuindo assim a distância entre esses dois universos.

Realidade aumentada e cruzada

Outra tendência clara em EaD é o uso de ferramentas e ambientes de realidade aumentada, em que dados do mundo real

---

[35] <http://www.informaworld.com/smpp/title~db=all~content=g921315868~tab=toc>.
[36] <http://ro.uow.edu.au/newtech/>.
[37] <http://www.online-journals.org/index.php/i-jim>.

se combinam com dados virtuais, possibilitando novas formas de simulação que podem enriquecer imensamente os processos de ensino e aprendizagem. Se até pouco tempo isso só era possível com equipamentos especializados e pouco portáteis, hoje aplicações para laptops e smart phones sobrepõem com facilidade e rapidez informações digitais para o mundo físico. Em poucos anos, essas tecnologias estarão mais acessíveis e serão, certamente, incorporadas à EaD.

Interessantes experiências, denominadas realidade cruzada (cross-reality), realidade-x ou realidade dual, têm sido desenvolvidas no Responsive Environments Group do MIT Media Lab. Informações do mundo real são transmitidas por sensores e visualizadas no Second Life, e eventos do mundo virtual são manifestados no espaço físico real, gerando assim a interação e a integração entre os dois universos. Dessa convergência surge um mundo paralelo e uma nova mídia criativa que tendem a mudar a forma como as pessoas interagem, entre si e com seus ambientes, influenciando diretamente as redes sociais e, por consequência, a educação[38].

Para quem se interessa pelo tema, é possível, por exemplo, baixar gratuitamente na internet o seguinte livro:

---

[38] Cf. COLEMAN, Beth. Using sensor inputs to affect virtual and real environments. *Pervasive computing*, IEEE CS, jul.-set. 2009, p. 2-9. Disponível em: <http://cms.mit.edu/people/bcoleman/publications/coleman-x-reality-proof.pdf>; LIFTON, J.; PARADISO, J.A. Dual reality: merging the real and virtual. *Proceedings of the First International ICST Conference on Facets of Virtual Environments* (FaVE), Berlim, Alemanha, 27-29 jul. 2009. Disponível em: <http://web.media.mit.edu/~lifton/publications/lifton_2009_07_fave.pdf>; e LIFTON, Joshua Harlan. *Dual reality:* an emerging medium. PhD thesis, Massachusetts Institute of Technology, 2007. Disponível em: <http://www.media.mit.edu/resenv/pubs/theses/lifton_phd.pdf >.

> TORI, Romero et al. (Ed.). *Fundamentos e tecnologia de realidade virtual e aumentada*. Porto Alegre: Editora SBC – Sociedade Brasileira de Computação, 2006.

Recursos educacionais abertos

A educação, especialmente a EaD, tende também a ser marcada pela oferta cada vez mais ampla de recursos educacionais abertos. As raízes do movimento na educação superior podem ser identificadas no surgimento OpenCourseWare do MIT[39], no início deste milênio. Várias outras instituições seguiram caminhos similares ao do MIT, como a Open Learning Initiative (OLI)[40], iniciativa do Carnegie Mellon que oferece inúmeros cursos interativos livres, materiais para professores e cursos que valem créditos em universidades, e a Open Yale Courses[41], que permite acesso gratuito a uma seleção de cursos introdutórios ministrados por renomados professores e pesquisadores da Yale University. A Universidade de Stanford oferece gratuitamente uma série de materiais de cursos de computação e engenharia, incluindo inteligência artificial e sistemas lineares, em seu Stanford Engineering Everywhere[42].

O Merlot[43] é uma comunidade internacional que compartilha recursos para a educação superior. O Internet Archive[44] é uma biblioteca digital de textos, áudio, vídeos entre outros.

---

[39] <http://ocw.mit.edu/OcwWeb/web/home/home/index.htm>.
[40] <http://oli.web.cmu.edu/openlearning/>.
[41] <http://oyc.yale.edu/>.
[42] <http://see.stanford.edu/see/courses.aspx>.
[43] <http://www.merlot.org/>.
[44] <http://www.archive.org/>.

A University of the People[45] vai um passo além, constituindo-se em uma universidade gratuita (por enquanto, apesar de o projeto prever custos, mesmo que baixos, no futuro), com base em princípios de aprendizagem colaborativa e aberta e ensino pelos próprios colegas. Por enquanto estão disponíveis um curso de orientação inicial de redação em inglês e cursos de computação, administração e estudos gerais, como matemática, economia, estatística, estudos ambientais, artes na história, introdução à filosofia e introdução à sociologia.

Em língua portuguesa há também preciosas fontes de conteúdos educacionais abertos. A Fundação Getúlio Vargas oferece gratuitamente diversos cursos em gestão empresarial, metodologia e filosofia e sociologia, entre outras áreas, para professores do ensino médio[46]. A Biblioteca Digital Brasileira de Teses e Dissertações (BDTD)[47] procura integrar os sistemas de informação de teses e dissertações existentes no país, ou seja, é possível acessar, muitas vezes na íntegra, dissertações de mestrado e teses de doutorado desenvolvidas em diversas universidades brasileiras. Banco Internacional de Objetos Educacionais (Bioe)[48] é um repositório mantido pelo Ministério da Educação em parceria com outros órgãos, que inclui imagens, mapas, hipertextos, áudio, vídeos, animações, simulações, softwares educacionais etc. Domínio Público[49] é uma biblioteca digital desenvolvida em software livre, onde você encontra diferentes

---

[45] <http://www.uopeople.org/>.
[46] <http://www5.fgv.br/fgvonline/CursosGratuitos.aspx>.
[47] <http://bdtd.ibict.br/>.
[48] <http://objetoseducacionais2.mec.gov.br/>.
[49] <http://www.dominiopublico.gov.br/pesquisa/PesquisaObraForm.jsp>.

formatos de documentos. Há também inúmeras compilações de revistas acadêmicas[50].

Há uma pressão social cada vez maior para que conteúdos e pesquisas produzidos em instituições públicas (e, portanto, que utilizam recursos de toda a sociedade) sejam disponibilizados aberta e gratuitamente. Há também uma pressão para que conteúdos educacionais sejam disponibilizados livremente, independente de suas origens, para consultas pessoais e/ou com objetivos de estudo. Além disso, cada vez mais autores, artistas, empresas e instituições têm disponibilizado conteúdos abertamente na web.

Esse movimento tende a revolucionar o universo da EaD, já que muitos modelos de design instrucional estão ainda centrados na produção de conteúdo, o que se tornará provavelmente desnecessário daqui por diante: o importante será a capacidade de professores e instituições organizarem esses conteúdos e conduzirem ricas interações entre os alunos. O papel dos professores como guardiões e distribuidores de conhecimentos tende também naturalmente a ser afetado com o crescimento do movimento de recursos abertos. Quando um aluno quer aprender alguma coisa hoje, muitas vezes prefere consultar a Wikipédia, o YouTube ou suas redes sociais do que seu professor. Com a proliferação de conteúdos e cursos on-line, vídeos e ambientes interativos, os alunos tendem a se envolver com esses materiais de acordo com seus interesses e sua conveniência, e com as aulas tornando-se apenas um complemento para essas atividades.

---

[50] Confira dois posts no meu blog, em que listo e atualizo essas fontes: "Para além do Google...". Disponível em: <http://blog.joaomattar.com/2009/09/17/para-alem-do-google/>. E "Recursos Educacionais Abertos". Disponível em: <http://blog.joaomattar.com/2010/02/17/recursos-educacionais-abertos/>.

Uma tendência que começa a se materializar é a organização de grupos de estudo e interação ao redor de materiais e cursos abertos por diversas instituições na internet. A Peer 2 Peer University (P2PU), por exemplo, é uma comunidade on-line de grupos de estudo abertos para cursos universitários curtos. Podem-se imaginar clubes do livro on-line para recursos educacionais abertos. A P2PU ajuda a navegar pela riqueza de materiais educacionais abertos disponíveis, organiza pequenos grupos de aprendizes motivados e apoia o design e a facilitação dos cursos. Os alunos e os tutores obtêm reconhecimento por seu trabalho, e a P2PU está buscando reconhecimento formal. A ideia principal da P2PU é organizar as pessoas ao redor desses cursos. Há inclusive vários cursos oferecidos em língua portuguesa.

É um projeto educacional aberto popular que organiza a aprendizagem fora dos muros institucionais e oferece reconhecimento aos aprendizes por suas realizações. A P2PU cria um modelo de aprendizagem ao longo da vida, paralelamente à educação superior formal tradicional. Alavancando a internet e materiais educativos on-line disponíveis abertamente, a P2PU permite oportunidades de educação de alta qualidade a baixo custo. Seu lema é: aprendizagem para todos, por todos e sobre quase tudo!

No momento, está numa fase piloto, testando diferentes estilos de estrutura dos cursos, comunicação e organização. A avaliação por pares é intensamente utilizada. Está baseada nos valores de abertura, comunidade e aprendizagem por pares, que são assim descritos:

A P2PU é aberta: compartilhamento aberto e colaboração possibilitam a participação, a inovação e a responsabilidade. A comunidade está aberta para que todos possam participar. O conteúdo é aberto para que todos possam utilizá-lo. O modelo e a tecnologia são abertos para permitir a experimentação e a melhoria contínua. E os processos estão abertos para garantir a responsabilidade com a comunidade.

A P2PU é uma comunidade: é um projeto centrado numa comunidade, e o modelo de governança reflete isso. A P2PU é conduzida por voluntários, que estão envolvidos em todos os aspectos do projeto. Como membros dessa comunidade, falam e agem com civilidade, tolerância e respeito pelas opiniões de outros, pessoas e perspectivas. Prima pela qualidade como um processo de revisão, *feedback* e revisão conduzido pela comunidade.

A P2PU é apaixonada pela aprendizagem entre pares: está ensinando e aprendendo com os colegas para os colegas. Todo mundo tem algo a contribuir e todos têm algo a aprender. Somos todos professores e somos todos aprendizes. Assumimos a responsabilidade por nosso próprio aprendizado, assim como pelo aprendizado dos outros.

Ou seja, um modelo que, caso se estabeleça, tende a desestruturar o mercado para a educação superior, e especificamente a EaD.

Atividades e conteúdos produzidos colaborativamente durante o 7º Senaed – Seminário Nacional Abed de Educação a Distância, por exemplo, continuam disponíveis on-line, como fonte de pesquisa para interessados em EaD[51]. Slides com uma avaliação geral do evento, apresentados durante a 8th IOC – International Online Conference, em março de 2010, também podem ser acessados on-line[52].

Além de conteúdos disponibilizados gratuitamente na internet, observa-se ainda uma tendência para a oferta de cursos abertos e gratuitos on-line. Os cursos livres que ministrei no Second Life, por exemplo, ABC da EaD no SL (3 versões) e

---

[51] <http://www.joaomattar.com/7senaed/index.php?title=Programa>.

[52] <http://www.slideshare.net/joaomattar/a-distance-education-online-seminar-mashing-up-several-web-2-0-tools>.

Games em Educação no SL, tiveram um custo para os alunos que desejavam participar oficialmente e receber certificado, mas foram simultaneamente abertos a qualquer interessado, sem custo.

Por fim, o v. 10, n. 5 (2009) do International Review of Research in Open and Distance Learning (IRRODL) é todo dedicado aos impactos do conteúdo aberto na educação superior[53]. Uma sugestão interessante de leitura, para reflexão sobre como os conteúdos abertos devem afetar a EaD.

Livros eletrônicos

Outra tendência, que já pode ser observada em muitos casos, é a substituição de livros impressos por livros eletrônicos. As gerações mais novas estão cada vez mais acostumadas a ler na tela do computador, o que tende a tornar desnecessário o uso de materiais impressos. No caso de conteúdo educacional, em que o material precisa ser atualizado com frequência, livros eletrônicos tendem a se tornar a fonte de leitura principal em EaD.

Isso gerará várias mudanças. Em primeiro lugar, a redução de custos para os alunos. Além disso, maior facilidade para organização de material por parte dos professores. As editoras de materiais impressos, por exemplo, terão de se adaptar. E assim por diante. Pode-se prever que em pouquíssimo tempo essa substituição de material primordialmente impresso por material digitalizado e on-line se concretize.

Formação de professores

Tanto no caso de ferramentas mais tradicionais, apresentadas neste livro, quanto das tendências indicadas neste capítulo, o tra-

---

[53] <http://www.irrodl.org/index.php/irrodl/issue/view/38>.

balho docente de qualidade em EaD exige programas de formação continuada para professores, não simples treinamentos pontuais. A incorporação dessas ferramentas e tecnologias em EaD passa não apenas pelo conhecimento técnico de seu funcionamento, que por si só já é um grande desafio para muitos professores, mas principalmente pelo seu uso pedagógico apropriado. Nesse sentido, os professores pioneiros e mais experientes precisam compartilhar suas habilidades e seus conhecimentos com os demais docentes. Professores são mais adequadamente formados para o uso da tecnologia por professores do que por técnicos.

O progresso das TIC tornou, sem dúvida, mais fácil a ocorrência de aprendizado sem a figura do professor. Entretanto, em quase todos os cenários indicados neste livro, e particularmente neste capítulo, observa-se uma função nova e nobre do docente, como guia e orientador na EaD. Integrar adequadamente os modelos, ferramentas e tendências aqui apresentados, com a formação contínua dos professores para o uso de tecnologias em educação, parece ser a tendência mais importante para a EaD, e aquela que garantirá sucesso mais duradouro para os projetos que pretendem oferecer educação de qualidade nas próximas décadas.

Sugestões para consulta

Esta lista inclui sugestões de consulta para aqueles que desejam se aprofundar em alguns dos conceitos tratados neste livro, ou fontes que foram essenciais para a sua elaboração. Fontes que foram utilizadas pontualmente durante o texto não aparecem aqui, mas apenas em notas. Algumas das fontes indicadas a seguir nem chegaram a ser citadas no livro até aqui.

Associação Brasileira de Educação a Distância (Abed) (Org.). Campus computing Report.Br: a computação e a tecnologia da informação nas instituições de ensino superior no Brasil. São Paulo: Pearson Prentice Hall, 2010.

Associação Brasileira de Educação a Distância (Abed) (Org.). Censo ead.br. São Paulo: Pearson Education do Brasil, 2010.

ANDERSON, Terry; ELLOUMI, Fathi (Ed.). Theory and practice of online learning. Athabasca, AB: Athabasca University, 2004. Disponível em: <http://cde.athabascau.ca/online_book/pdf/TPOL_book.pdf> (uma segunda edição já foi publicada, mas não está disponível on-line).

BEHAR, Patrícia Alejandra (Org.). *Modelos pedagógicos em educação a distância*. Porto Alegre: Artmed, 2009.

FILATRO, Andrea. *Design instrucional contextualizado: educação e tecnologia*. São Paulo: Senac, 2004.

FILATRO, Andrea. *Design instrucional na prática*. São Paulo: Pearson Education do Brasil, 2008.

JOHNSON, L. et al. *The 2010 horizon report*. Austin, Texas: The New Media Consortium, 2010.

LITTO, Fredric Michael; FORMIGA, Manuel Marcos Maciel (Org.). *Educação a distância: o estado da arte*. São Paulo: Pearson Education do Brasil, 2009.

MAIA, Carmem; MATTAR, João. *ABC da EaD*: *a educação a distância hoje*. São Paulo: Pearson, 2007.

MATTAR, João. *Games em educação: como os nativos digitais aprendem*. São Paulo: Pearson Prentice Hall, 2010.

MOORE, Michael Grahame (Ed.). *Handbook of distance education*. 2nd. ed. Mahwah, NJ: Lawrence Erlbaum, 2007.

MOORE, Michael; KEARSLEY, Greg. *A educação a distância: uma visão integrada*. Tradução de Roberto Galman. São Paulo: Thomson Learning, 2007.

PETERS, Otto. *A educação a distância em transição: tendências e desafios*. Tradução de Leila Ferreira de Souza Mendes. São Leopoldo, RS: Ed. Unisinos, 2004.

PETERS, Otto. *Didática do ensino a distância: experiências e estágio da discussão numa visão internacional*. Tradução de Ilson Kayser. São Leopoldo, RS: Ed. Unisinos, 2001.

SILVA, Marco Antonio da; SANTOS, Edmea. *Avaliação da aprendizagem em educação online*. São Paulo: Loyola, 2006.

SILVA, Marco et al. (Org.). *Educação online: cenário, formação e questões didático-metodológicas*. Rio de Janeiro: Wak, 2010.

SILVA, Marco. *Sala de aula interativa*. 4. ed. Rio de Janeiro: Quartet, 2006.

SILVA, Marco (Org.). *Educação online: teorias, práticas, legislação, formação corporativa*. São Paulo: Loyola, 2003.

SMITH, Patricia L.; RAGAN, Tilman J. *Instructional design*. 3rd ed. Hiboken, NJ: John Wiley & Sons, 2005.

TORI, Romero. *Educação sem distância: as tecnologias interativas*. São Paulo: Senac São Paulo, 2010.

VALENTE, Carlos; MATTAR, João. *Second Life e Web 2.0 na educação: o potencial revolucionário das novas tecnologias*. São Paulo: Novatec, 2007.

Glossário

Ambientes Pessoais de Aprendizagem – Personal Learning Environment (PLE).

Assíncrono. Comunicação que não ocorre no mesmo instante, como, por exemplo, no caso de troca de e-mails, fóruns etc.

AVA – Ambiente Virtual de Aprendizagem. São os sistemas utilizados em EaD para a disponibilização de conteúdo, realização de atividades, avaliações e interação entre alunos e professores. Em inglês, a sigla mais comum é LMS – Learning Management System.

Blackboard. LMS bastante utilizado nos Estados Unidos, mas pouco utilizado no Brasil.

Chat. comunicação síncrona, normalmente por texto, que pode envolver duas ou mais pessoas.

Design instrucional. Envolve o planejamento e a produção de materiais instrucionais, não necessariamente apenas para EaD.

Desire2Learn. Exemplo de LMS.

EaD – Educação a Distância. Alguns utilizam a sigla para Ensino a Distância, expressão menos adequada, já que educação envolve tanto ensino (do lado do professor) quanto aprendizagem (do lado do aluno).

Educação Aberta e a Distância. Expressão quem tem sido empregada recentemente com frequência, como alternativa à EaD, para ressaltar o caráter democrático da EaD e o crescimento dos conteúdos educacionais abertos.

Educação On-line. Também tem sido utilizada como expressão alternativa à EaD, ressaltando a importância da internet na EaD que se faz hoje.

eCollege. LMS comercializado pela Pearson Education, inclusive no Brasil.

e-learning. É muitas vezes utilizada como sinônimo de EaD, em geral para a EaD corporativa. A sigla aponta para a EaD eletrônica ou on-line.

Home Schooling – educação em casa. Método bastante comum em países de língua inglesa, em que algumas comunidades ou as próprias famílias assumem a responsabilidade pela educação de seus filhos. Para isso, várias instituições desenvolveram tanto materiais de estudo, como atividades e espaços para suporte. No Brasil, a modalidade é proibida.

Interação. Conceito essencial em EaD, que em geral se refere às trocas de informações e experiências entre pessoas.

Interatividade. Normalmente se refere à interação homem-máquina, ou seja, entre usuários e tecnologias.

LMS – Learning Management Systems. Ao pé da letra, a tradução seria Sistemas de Gerenciamento de Aprendizagem, mas em português a denominação mais comum é AVAs – Ambientes Virtuais de Aprendizagem. São os sistemas utilizados em EaD para a disponibilização de conteúdo, realização de atividades, avaliações e interação entre alunos e professores. Exemplos: Blackboard, eCollege, TelEduc, Moodle e Sakai.

Mobile Learning. Aprendizado por meio de dispositivos móveis, como celulares, PDAs etc.

MMORPG – Massive Multiplayer Online Role-Playing Game. RPG Eletrônico voltado para diversos jogadores simultâneos.

Moodle. LMS livre e de código aberto, bastante utilizado hoje, inclusive no Brasil.

Mundos Virtuais. Incluem mundos virtuais em duas e três dimensões, como por exemplo Club Penguin e Second Life.

Objetos de Aprendizagem. Textos, vídeos, objetos multimídia etc. que podem ser utilizados em diversos projetos de EaD.

Realidade Aumentada e Cruzada. Ferramentas e ambientes que permitem a integração entre dados do mundo real e virtual.

Sakai. LMS livre e de código aberto.

Síncrono. Atividades que pressupõem duas ou mais pessoas conectadas ao mesmo tempo, para interagir.

TelEduc. LMS de código aberto, desenvolvido pelo Núcleo de Informática Aplicada à Educação (Nied) da Universidade Estadual de Campinas (Unicamp).

TICs – Tecnologias da Informação e da Comunicação. Tem um significado bastante amplo, envolvendo ferramentas e tecnologias utilizadas para comunicação e transmissão e gerenciamento de informações, como, por exemplo, a internet.

Tutor. Nome em geral dado ao professor que apoia os alunos em EaD.

UAB – Universidade Aberta do Brasil. Consórcio de instituições que oferecem cursos de EaD em diversos polos pelo país.

VoIP. Tecnologia que permite chamadas telefônicas por meio de redes de computador.

Web 2.0. Nome dado a uma segunda geração da web, que inclui ferramentas mais interativas, como blogs, wikis, podcasts etc.

Biografia

João Mattar é bacharel em Filosofia (PUC-SP) e Letras (USP), Extensão (University of California Berkeley), pós-graduado em Administração (FGV-SP), mestrado em Tecnologia Educacional (Boise State University), doutor em Letras (USP) e Pós-Doutor (Stanford University), onde foi visiting scholar entre 1998 e 1999.

Foi coordenador de pós-graduação e pesquisa da Unibero e atualmente é professor da Universidade Anhembi Morumbi.

É autor de diversos livros, como: *Metodologia científica na era da informática* (3. ed. Saraiva), *Filosofia da Computação e da Informação* (LCTE) e *Games em Educação: como os nativos digitais aprendem* (Pearson).

Tem se dedicado à pesquisa em tecnologias aplicadas à educação, ministrando palestras e cursos. Desenvolve também material didático e projetos de EaD para diversas empresas e instituições de ensino e é consultor na área.

E-mail: joaomattar@gmail.com
Twitter: http://twitter.com/joaomattar